了不起的

头脑体操

来锻炼脑筋吧

〔日〕多湖辉 著 〔日〕水野良太郎 绘 安伊文 译

人民文学出版社
PEOPLE'S LITERATURE PUBLISHING HOUSE

著作权合同登记：图字 01-2022-5000 号

ATAMA NO TAISOU DAI 1 SHUU
PUZZLE QUIZ DE NOUMISO WO KITAEYOU

图书在版编目（CIP）数据

来锻炼脑筋吧 / (日) 多湖辉著 ; (日) 水野良太郎绘 ; 安伊文译. -- 北京 : 人民文学出版社, 2023
（了不起的头脑体操）
ISBN 978-7-02-017629-8

Ⅰ. ①来… Ⅱ. ①多… ②水… ③安… Ⅲ. ①儿童故事 - 图画故事 - 日本 - 现代 Ⅳ. ①I313.85

中国版本图书馆CIP数据核字(2022)第224275号

责任编辑 卜艳冰 贾芳凝
装帧设计 汪佳诗

出版发行 人民文学出版社
社 址 北京市朝内大街166号
邮政编码 100705

印 制 山东临沂新华印刷物流集团有限责任公司
经 销 全国新华书店等

字 数 88千字
开 本 787毫米×1092毫米 1/32
印 张 6.5
版 次 2023年1月北京第1版
印 次 2023年1月第1次印刷

书 号 978-7-02-017629-8
定 价 39.00元

前 言

最近，患上“脑动脉硬化症”的年轻人越来越多。这是一种大脑僵化的病症。大学考试、就职考试等仅仅发展了人们的记忆力，却忽略了奔放的想象力以及丰富的创造力，这可能是病因之一。这是一个大问题，因为创造历史的不是常识和固有观念，而是打破常规的独创力。

因此，为了挽救大脑僵化的“脑动脉硬化症”患者，我写出了这本书。这本书中出现的智力题都不是那么简单的，即使最初的“头脑准备体操”也可能让你的脑筋大呼救命。但是，不要轻易放弃，无论如何请坚持到最后。

这本书看到最后的时候，被固定观念固化了的你的脑筋，一定会像魔芋一样，变得柔软起来。那时，你才开始踏出了成为拥有生产性、创造力的人的第一步。

本书“问题”页的后一页就是答案，但是不要一回答不出就马上翻页。并且，请遵守限制时间。因为寻求答案而反复思考的过程，会使你的头脑更为“柔软”。

最后，对在本书写作过程中给予无私帮助和指导的东京业余魔术师协会的高木重郎先生和加藤隆吉先生表示深深的感谢。

※　　※　　※

这是1966年出版时的前言。出版后，这本书在数月间持续占据了畅销书排行榜的榜首，掀起了挑战智力题的空前热潮。此外，读者的反响远超我的想象。我收到了数千封信件，来信者男女老少都有，着实让我受宠若惊。

现在距离那个时候，已经过去了三十多年。这本引导读者打破常识、掌握独创力的书得到了读者的热心支持，并催生了系列作品。“了不起的头脑体操”至今已经出版多本，仅本册就已发行超过250万册。

与那时相比，时代已经发生了翻天覆地的变化，回想起来恍若隔世。但是即使从政治、经济领域来看，今时今日的日本，也并没有让人感到特别与众不同之处。

我想，可能直到今天，人们也还是被常识和固有观念等束缚着吧。要冲破既有的框架才能应对新的变化，在任何时代都是相同的。

为了使头脑变得柔软，并且更好地自由发挥创造力，请试试这套“了不起的头脑体操”吧。

它一定会让你有新的发现，遇到一个崭新的自己。

多湖辉

目　录

开幕词——富有创造力的思考为何物？

摒弃“常识”

首先，我们来看下面这个问题。请至少思考五分钟。

〈例题〉有一个葡萄酒瓶，瓶口有一个软木塞。不巧的是，此时周围没有开瓶器。不能把酒瓶打碎，也不能在软木塞上钻孔，请问怎么才能喝到瓶中的葡萄酒？

你能答出吗？

相信觉得这道题简单的人不少，但也会有人觉得它很难吧。

答案是：“把软木塞推到酒瓶中。”但是这么简单的答案，还是不容易想到的。因为在我们的常识中，软木塞总是要拔出来的，如果不拔出来的话，里面的液体是倒不出来的。

而且，软木塞如果被拔出来，接下来它就依然能作为塞子使用。看，我们的常识成了解决难题的道路上的绊脚石。一旦你成了常识的俘虏，这样的问题就无法解决。这道题的本质在于，它戳中了“常识”的盲点。

我们从小就习得了许多常识。这些常识在我们的日常生活中显示出了强大的作用。但有时候，它却起不到什么作用，不仅如此，有时它甚至还会妨碍问题的解决。

有一些问题在毫无知识和常识的幼儿或是黑猩猩看来并不难解决，用成年人的头脑思考之后却意外地成了难题。这是因为丰富的知识和常识反而成了成年人思考的障碍。

暴个糗事，我就有过被常识所害从而上当的经历。那是日本在第二次世界大战失败后，物资匮乏的时代。一次，在车站前的广场上，我看到一块很明显的招牌，上面写着“占领军甩卖”，招牌前有一个男子在卖印着英文的肥皂。那时的日本只有混有黏土与沙砾的肥皂，因此我没能抵挡住诱惑，掏出钱包里所有的钱，把肥皂买了回去。

回到家，我立即用它洗脸洗手，结果感到火辣辣的疼痛，有些洗过的地方甚至红肿了起来。

我觉得很奇怪，再去查看包装，结果大吃一惊。

我一直坚信不疑的进口肥皂其实是地地道道的假货，而那些英文，只是几个随便拼凑起来的英文单词。

这是诈骗！我这才反应过来，拿着买来的东西回到车站前的广场，一路上想着该怎么办。幸运的是，那家店还开着。我一把揪住那个骗子要揍他，没想到他比我还气势汹汹。

“我说过这是进口肥皂吗？”他说。

“你那儿写着……”我一边指着招牌，一边又看了一眼，结果吃了一惊。

原来招牌上，“占领军甩卖”这几个大字下面，写着两个小字“火柴”。再仔细一看，堆积如山的肥皂旁边，真的放着占领军甩卖的火柴呢。

我无话可说，只能灰溜溜地回家了。

但是，回过头来看这件事，其实很容易就能想到为什么我会落入无良商家的陷阱。

首先，通常大甩卖的广告或招牌，都是为了卖被堆成小山一般的主要商品而设的，这是常识。我把“占领军甩卖”的招牌和堆积如山的肥皂作了无条件的挂钩。

其次，包装上只有英文的商品是进口商品，这也是常识。并且，进口商品的质量要比国产商品的质量好，这在当时也是常识。因此我甚至没有仔细看包装上的内容，就贸然下手买了回来。

至少在那一次，我觉得商人都是“奸商”，我为自己没有慎重再慎重而后悔。

摒弃过去的经验

魔术师把隐藏在口袋里的果核取出来的时候，很多情况下是反向利用了观众的常识。也就是说，他会在把手伸进口袋后，制造一个他“仅仅是把手伸进去了而已”这种“常识的必然性”。

比如说，魔术师把手伸到口袋里取手帕的时候，可以顺便把果核取出来。但是，这种情况下，因为手伸到口袋里就是为了取出什么东西，那么当然也有可能同时取出果核，于是观众大多会敏锐地关注这一点。也就是说，对于魔术师而言，这么做伴随着相当大的被识破的危险。

但是，同样的动作，如果换成把东西放进口袋，观众就不会注意到还取出了果核。也就是说，取出手帕时，不把果核一起取出，而只是真的把手帕取出来擦擦汗。这个时候，认真注意魔术师动作的观众们松了一口气，“原来真的只是手帕而已”。但是，从魔术师的角度来看，这时“常识的必然性”就该上场了。他把手帕放回口袋的时候，就把果核取出来了。这时，观众的常识使他们几乎不可能识破果核被取出了的真相。

如此想来，进行诈骗或者魔术都是对我们的常识将计就计，利用我们心理的盲点以获得成功。

在一流的银行里，职员们穿着好看的制服——从常识来说，那样的地方是不可能发生诈骗的。同样，那么逼仄的舞台上，只有那么短的时间，也应该不可能动手脚——而魔术家们正是钻了这样的空子。

那么说得更远一点儿，我们的头脑为什么会被“常识”和“过去的经验”所束缚呢?

我想，这大概是因为人脑的构造过于“给力”了吧。

人类总是需要对环境的变化做出即时的应对，而调动脑筋、倾注能量总是让我们的心忙于应付、疲惫不堪。

于是，我们的心便想适当偷个懒，休息休息。特别是遇到曾多次经历的、根据常识便可行动的问题时，我们的头脑立即启动了“思考节约”的模式。

但是长此以往，我们的头脑会变得僵硬，从而极大地妨碍了创造性思维的形成。

正因如此，我提倡一定要撇开常识，养成自由奔放地思考问题的习惯。我平日对此事也很上心。甚至有一次，我一边监考，一边无意中想出了一道题。接下来，我将向各位读者细说。

揣摩出题者的心思

监考，是一项很无聊的工作。在努力答题的考生们面前，哼歌这种事当然不能做。而面对自己专业以外的科目，我连解题的乐趣都没有。

因此，在核对完考生们的身份之后，我就只能自己找乐子了。

有一次，我实在无聊透顶，就拿起一份化学考卷瞅了瞅。对于化学知识极其贫乏的我来说，那只是一些毫无意义的莫名其妙的符号罗列在一起而已。

我的目光所及之处有一道相当长的题目。这是一道选择题，选项中罗列了以下几种化学物质的名称：

（a）氯化亚铁（b）硝酸镍（c）硫酸铜

（d）氯化铜（e）氯化汞

也就是说，要从这几个选项中选出一个正确答案。

看到这道题的时候，我突然灵机一动，我想，如果不用化学的知识，而是站在心理学的立场上，能不能解出这道题呢？

出题者也是人，这点毫无疑问。因此他们在出题的时候，一定在某些地方残留着作为人的思考轨迹。如果能找到这样的线索，即使完全没有化学知识，或许也能推理出正确答案。那么，线索是什么？我开始了梦游一般奔放的思考。

结果，我得到了以下结论。

如果我是出题者，我会怎么做？从出题者的心理来说，恐怕不会让答题者那么容易就找到正确答案吧。因此，他们一定会在通往正确答案的道路上设置各种各样的陷阱。

首先，在正确答案的周围，应该会有与正确答案尽量相似的、容易混淆的选项，这样正确答案就可以隐藏其中。这样的话，出题者才能把自己从“答案太容易被识破”的不安中解救出来。

在这个推理的前提下，我再次仔细看答案的五个选项。

（a）氯化亚铁（b）硝酸镍（c）硫酸铜

（d）氯化铜（e）氯化汞

在这些选项中，以“氯化……”的形式出现的是(a)、(d)、(e) 三个。正确答案往往被容易混淆的选项保护着。将刚才的推理运用在此，首先推断出来的结论是，正确答案应该在这三个选项之中。

接下来要确定的是“氯化”后面的部分是亚铁、铜还是汞。这次决定的关键也在于同样的思路。于是我们可以看到，与“铜”相关的选项还有一个 (c)，即硫酸铜。但是，铁和汞的选项就没有其他的了。

因此，在这里遵循“正确答案往往被容易混淆的选项保护着”的原则，我推定，这道题的正确答案是 (d) 氯化铜。

当然，并不是每次都能这么幸运地蒙对。但是，头脑经过灵机一动得到正确答案的概率要远远高于毫无头绪地乱选一通，这是事实。

这个例子就体现了“思考”的效用。也就是说，通过思考有了意外的发现，问题会朝着意想不到的方向发展。

妨碍创造力开发的因素

最近，像“创意竞争”“创造力开发”这样的词，经常会被用到。

这并不是说要完全摒弃传统，但是在高速发展的现代社会中，新鲜事物层出不穷，谁都无法置身事外。特别是文科出身的商务人士，因为没有特别的技能傍身，要想在商业社会中立有一席之地，创造力是绝对不可或缺的。如果单纯依靠学历和过去习得的知识，早晚会被这个社会所淘汰。如果你正处于如此严苛的竞争环境中，并且对于才能的开发非常关注，那对你来说，即使暂时想不出什么好主意，情况也还不是太糟糕。

只是，依我所见，无论商务人士还是一般人群，为了开发创造力所付出的努力，与其应得到的关注相比，可以说微乎其微。

造成这种情况的原因，可能是很多人觉得，创造力这个东西是人与生俱来的天赋，并非靠后天的努力以及训练就能开发、促进的。

不可否认，在日本，无论在家庭、学校，还是职场当中，妨碍创造力开发的因素数不胜数。特别是在职场中，面对年轻职员提出的富有建设性的建议，年长者经常用一句“年轻气盛”就打发了。

有一种名为“头脑风暴”的方法，即在几个人的小团队中，不对他人的想法提出批评，也不考虑现实的可能性，自由奔放地表达自己的任何想法。这是一种很好的训练，但在实际操作中很难实施。

几年前，我曾受一家杂志公司的委托，就人际关系等方面，从心理层面对这家公司的发展前景做出诊断。

为此我见到了这家公司的各级职员，上至公司老板，下至普通员工。

这个时候映入我眼帘的，是上司和下属之间心理上的压力关系。在一个自上而下施加压力的职场中，能产生新事物的可能性很小，因此其发展前景也微乎其微。

比如说，在某家公司中，无论上司在不在，下属都能冷静地、毫无顾虑地发表自己的意见，这就是理想的公司氛围。但是如果某家公司中，只要课长一出现，组长就无话可说，或者只要部长在，课长以下的人都三缄其口，那可想而知，年轻职员的创造力完全没有发挥的空间，这样的公司必然发展前景渺茫。

因此，要产生具有独创性的好主意，需要全社会共同努力，共同携手给自由奔放的思考一片肥沃的土壤。日本一直以来在这一点上是极其欠缺的。

在被常识、习惯、传统以及记忆中的知识强力束缚的社会中，创造力是很难被开发出来的，这一点值得我们再一次反思。

提高创造力的技巧

如上文所述，创造力的开发需要从教育、教养等方面入手。这虽是解决问题的根本，但其效果无法立竿见影。因此，我们只能依靠自己来进行提升创造力的训练。

那么，要提高我们的独创力，开发我们的创造力，究竟该从何入手进行训练呢?

关于创造力系统开发的原理及技巧，我们不妨做如下的思考。

首先，创造力开发的出发点，是要通过训练，来排除任何可能妨碍创造性思维的因素。

正如在美国的内布拉斯加大学开设创造性思维法的讲座而一跃成名的R.P. 克劳弗德教授所指出的那样，现在在教育或教养方面，无论在学校还是在家庭，人们都倾向于用固有的经验去教孩子解决问题。

教授举的例子是，例如对于“冷”这个问题的解决，我们——包括父母、老师——都会教孩子们多穿件衣服。同样，在吃饭问题上，教孩子们如何使用刀叉。在解决如何与别人通信的问题上，固有的方式就是写信，然后投入邮筒。但是，仔细想来，这些所谓常识性的做法，无非是无数次对他人行为的模仿而已吧。

因此，在开发创造力的时候，需要首先从这样的常识或者先入为主的观念中解放出来。那么，究竟有什么样的手段呢？下面就给大家介绍几个在创造力开发训练中颇有成效的方法。

1. 设问法

从原理上说，这么做是为了打破我们头脑中的固有思维。这种方法是先将思考的线索形成一览表，并依此将思考层层推进。当我们直面问题时，如果只是漠然地、漫无目标地思考，效率是极其低下的。不仅如此，出现漏想、错想的可能性也非常高。

因此，事先将思考的基本线索列出，然后据此去刺激思维，从而激发出好主意。

我们来看看创造力开发的泰斗——奥斯本的设问清单。

(1) 还有没有其他用法?

对于现在的状态稍加改变后会怎么样?

(2) 可以被借用吗? 可以被改变吗? 可以被替换吗?

和这个相似的是什么? 接下来可以想出什么主意? 过去有没有过相似的东西? 能不能从其他地方借用什么主意? 有没有什么可模仿的东西? 颜色、声音、气味、形状、造型、运动等稍加变化会怎么样?

(3)能不能进行加、减、乘、除的操作?

大一些、小一些、厚一些、薄一些、坚硬一些会如何? 分割之后会如何? 再多一些时间会如何? 附加一些价值会如何? 无限夸大会如何? 再多一些或再少一些会如何? 再简洁一些、再凝缩一些、再轻一些、再重一些呢? 再简化一些，零件再少一些呢?

(4)能不能替换、反转、结合?

变换一下顺序会怎么样?

跟着这样的清单，相比毫无头绪地胡乱思考，效率会大大提升，漏掉重要线索的可能性也会降低。但是注意，不能过度依赖这种方法。过度依赖的话，反而会被束缚住，丧失自主思考的习惯，得不偿失。

2. 成对关联法

这种方法从原理上说与设问法一样，也是为了突破人们联想的壁垒，强制创造出富于变化的联想。比如，针对立体声收音机，要想开辟出一些新的适用领域，用成对关联法来试试看吧。

首先，找一个和立体声收音机毫无关系的商品，比如飞机。思考飞机的特性、机能、零件等，以此为基础，尽可能列出大范围的关联清单。

然后，将此关联清单的各个项目与立体声收音机相结合，思考它们之间的关系，让联想发挥作用。下页的图示仅仅作为一个例子，供参考。

这种方法，事实上已经被实际用于新产品开发的创意领域。除了商务场合，如果在日常的创造力练习中也能多多加以运用，不失为一种有效的方式。

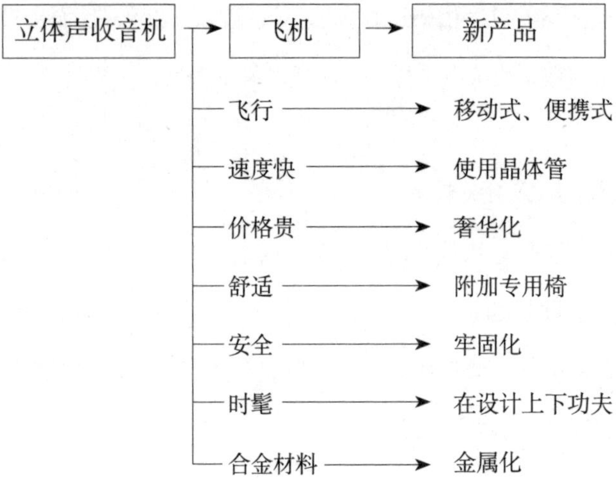

3. 形态分析法

这是由美国加利福尼亚理工大学的弗里兹·茨维基教授提出的一种对一切可能的解决对策进行形态分析的方法，也是创造力开发的训练方法之一。

比如，要做一个特定尺寸的杯子，将它的大小、形状、材料等组合用一个立方体来表示，于是形成了下页这张图。通过这个立方体，我们可以考虑到其所有的可能性。仅仅如图所示的立方体中已经有四十八种组合，即隐藏了四十八种可能性。在对这四十八种可能性一一探讨的过程中，对于新产品开发的重大灵感也应运而生。

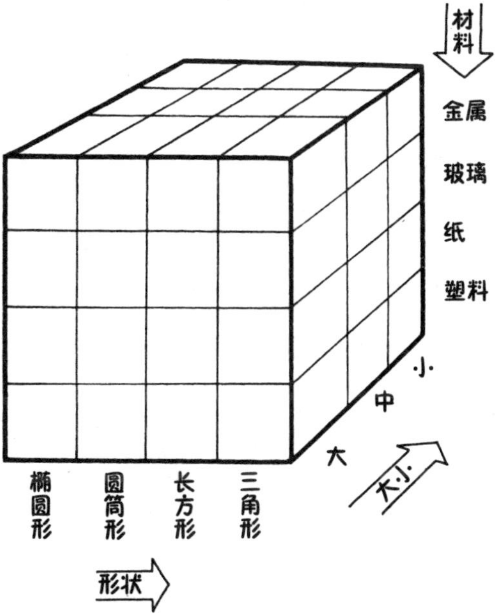

以上所举的设问法、成对关联法和形态分析法都是为开发创造力所设计的，它们可以说都是科学的训练方式，均分别在各个领域被广泛运用，并取得了可喜的成果。

但是，这些方法无一例外地都借助了外部的力量，用以辅助我们突破思考的弱点，使思维的发展具有一定的局限性。从这点上说，这些方法又有着重大的缺陷。

也就是说，这些方法是为思考制造了“固定的框框”。它们会使我们的思维固化，有可能对思想的自由发展起到一定的阻碍。这些方法虽然在应对头脑僵硬、创造力不足、无法产生新想法等方面非常有效，但从对头脑的锻炼以及强化创造力上来说，不得不说有一定的局限性。

那么，读者可能会问了，既然以前的方法很有局限性，那么我们该怎么开发自己的创造性呢？为了回答这个问题，我想在此强调对头脑的积极训练，也就是“头脑体操”的必要性。

根据我长年的观察，创造力丰富的人有一个共同点，那就是他们对智力题、推理小说、戏法魔术、落语[①]、漫才[②]等一系列的头脑游戏有着极大的兴趣。

正是基于这种长年观察的事实，我深切感受到智力题对于头脑训练有不可或缺的效用，认识到这一点是十分必要的。

事实上，有大量与创造力密切相连的智力题，大脑机能可以通过做智力题获得锻炼，包括观察力、直觉力、

---

① 落语，日本大众曲艺形式之一，语言滑稽。

② 漫才，两人组成一对，进行滑稽性对话的日本曲艺形式。

分析力、推理力、持久力、飞跃力、独创力等。

啰啰唆唆说了那么多，接下来就是一道一道的智力题了。在此之前，还有两点想特别说明。

第一点，这本书中所有的智力题，在问题页的背面都有答案。因此大家在做题的时候很容易想都不想，立即去翻答案。请一定谨慎！我希望读者对待每一道题，至少按限定时间进行充分思考。需要的时候在空白的地方做做记录。这本书留有足够的空白。

第二点，这本书不是一天就能够看完的。说起来，创造力也不是一天两天就能够开发出来的。尽可能一天做两三道题，也就是用二十天到一个月的时间来看完这本书。

然后，从这些智力题中，你会体味到智慧的快乐，就像平时松松筋骨就能觉得身体轻松了一样，你的头脑也会有轻松的感觉。

最后，希望各位读者能够不厌倦地、愉快地坚持到最后！

1. 头脑准备体操

〈例题〉兄弟两人久别重逢。谈话中，哥哥说他突然想起自己的侄女最近刚刚结婚。可是弟弟并没有最近刚刚结婚的侄女。这对兄弟是真真实实的亲兄弟，那么这样的情况可能出现吗？

从现在开始，开发创造力的“头脑体操”就要开始了！首先，我们从轻量级的准备体操开始试试吧。

无论是游泳还是田径，在激烈的运动开始之前，都要进行准备训练。“头脑体操”也是如此，准备运动是非常必要的。

本章提出的这些问题作为智力题来说，可能只能归于极其简单的一类。但是，从内容来看，它们却具有很重要的心理学意义。千万别小看它们，否则可能会失败。

对于平时从事单调工作的人、无暇思考的人以及不习惯这种智力题的人来说，即使是这样的准备体操，也可能让头脑的各个“关节”疼痛不已。

不过，担心是没有用的。忍耐一段时间，我保证，你会感觉到硬邦邦的头脑变得柔软起来。

那么，首先要做的是，对于问题从外到里地思考一切可能。

这道例题也是。乍一看好像是道很奇怪的问题，但是，不要被表面的文字所迷惑，在头脑中尽可能详细地把哥哥的侄女与弟弟的关系罗列出来，问题也就迎刃而解了。也就是说，弟弟的女儿最近结婚了——弟弟的女儿对于哥哥来说可不就是侄女嘛！

这一章节的问题不像后面几章分成了培养观察力、推理力等不同能力的问题，而是以最单纯的形态呈现出来，因此不需要想得过深。但是，回答它们仍需要敏捷的思维，并且问题所涵盖的范围也是相当广的。

这一章的意图是希望打破你的“常识”，柔软你僵硬的头脑，让思考倦怠的头脑苏醒过来。所以，尽情释放你的头脑，迸发你的灵感吧！让每一个脑细胞都活跃起来，这样才能以最好的姿态应对之后更难的问题！

来吧，各就各位！准备体操，开始！

问题

限时
3分钟

如图所示，书架上并排放置着日本文学全集。有一只“书虫”，在全集第一卷第一页做了个窝，并顺次啃食书本。当它爬到第二卷最后一页时，移动了多少距离？这套全集的封面厚 2 毫米，每本书不含封面的部分厚 3 厘米。

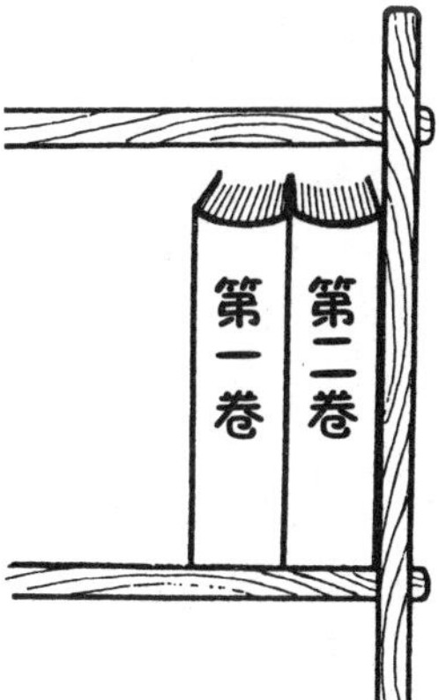

答案

4毫米。

乍一看，书虫似乎是从第一卷的最左端，移动到第二卷的最右端。其实这是错觉。第一卷的第一页和第二卷的最后一页是相邻的，中间只隔着两张封面。

【启示】

问题中出现的信息并非全部是有用的。相反，还可能会对问题的解决造成干扰。比如本题中，因为给出了书本的厚度，很多人会把它一起计算进去吧。要懂得分辨出无用的信息，并果断舍弃。

问？题

限时3分钟

有一个猎人，从自己的小屋出发，向南走了10公里，然后改变方向，向西走了10公里，接着再一次改变方向，又向北走了10公里，结果回到了自己的小屋。当然，小屋还在最初的位置，没有发生过变化。请问这样的情况可能发生吗？

答案

可能。

因为猎人的小屋正好位于北极点上。

除了这个答案以外，还有这个小屋实际上东西长度超过 10 公里，像一条超长的鳗鱼，这样的答案也未尝不可。当然了，这已经不是“小屋”了。

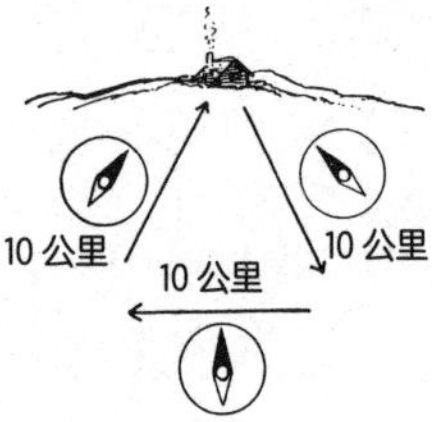

【启示】

我们平时最常见的世界地图采用的是墨卡托投影法，即将整个地表展为平面，经线纬线交错，南北、东西方向的线条都在同一个平面上。这样的地图在我们脑海中的印象过于深刻，以至于让我们忽略了地球是圆的这样一个显而易见的事实。

问题

限时5分钟

如图是一个容量为1升的容器。如何不借助其他工具，用它准确测量0.5升的水？

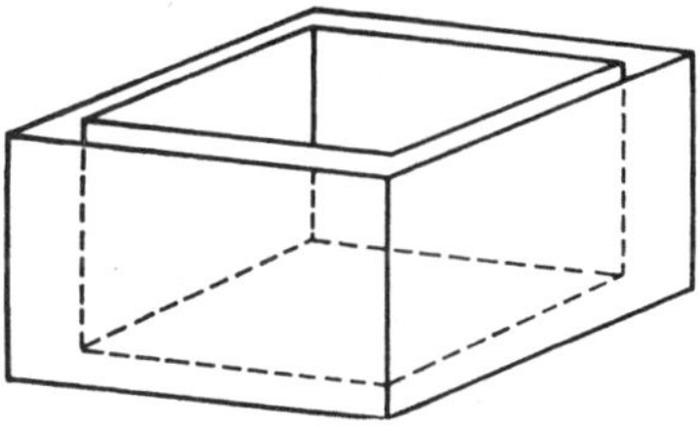

答案

将容器倾斜后测量即可。

【启示】

量杯、容器之类的，我们通常习惯将它们水平放置着测量。打破这一习惯，将容器倾斜着测量，这看上去好像只是微不足道的一个小改变，其实需要思维颠覆性的转变。

与之类似，比如要将大件物体从一个狭小的入口搬入室内，就要用到这样的思维方式。此外，将物品上下倒转、前后左右互换以及倾斜等方法，很多人往往想不到，使得解决这一类问题变得困难。这是头脑的固有思维方式在作怪。

问题

限时 5分钟

威斯敏斯特教堂的大钟在报时时会发出悠长的钟声。为了知道是12点，需要花很长时间数12下钟声。钟声的间隔时间为5秒，数12下需要多少秒？如果要知道6点，需要多少秒？

答案

要知道 12 点，55 秒；知道 6 点，30 秒。

$5\times12=60$ 秒，但是钟最多只会敲 12 下，所以第 12 下钟声敲响以后，马上就能知道是 12 点。从 1 点到 12 点之间有 11 段间隔，所以 $5\times11=55$ 秒。

至于要知道 6 点，由于第 6 声钟声后，要确认有没有第 7 声钟声响起，所以要经过 5 秒的等待之后才能确定，因此是 $5\times6=30$ 秒。

【启示】

提出的问题如果不考虑它在现实中的意义，就会失去它应有的价值。特别是出现数字的问题时，要尤其注意。因为数字是极度抽象化的概念，在现实中的意义很少被细细玩味。但是既然它出现了，如果只是简单计算数字本身，那无疑会面临失败。

问题

限时
1分钟

5只猫5分钟的时间可以抓5只老鼠。要在100分钟的时间里抓100只老鼠，需要几只猫？

答案

5只。

5只猫用5分钟时间抓5只老鼠，再给5分钟，就能抓10只。也就是说，10分钟抓10只，20分钟抓20只，5只猫只需要连续工作即可。

【启示】

根据“5→5→5”来推断“100→100→100”，这样模式化的思考是不对的。这是在学校里形成的根深蒂固的比例概念的误用。

问题

限时
30 秒

有 100 支队伍出场的棒球比赛，最少要举行多少场比赛来决出冠军?

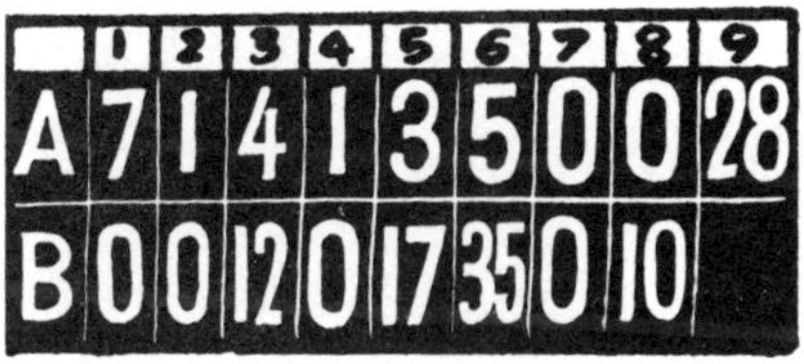

答案

99 场。

每一场比赛都有一支队伍因为失败而退出，所谓冠军队，就是当其他 99 支队伍都失败退出后剩余的那一支。因此要决出冠军，无论采用什么赛制，至少需要 99 场比赛。

【启示】

看起来很复杂的题目，如果改变一下视角，就可以变得很简单。当然，视角的改变方式以及如何获取新的视角，这本身也需要丰富的想象力。但是，知道从这个方向去思考，努力寻求新的视角，应该多少能获得点提示。

问题

限时3分钟

如图所示，有一弯月牙，如何只用两根直线，将这弯月牙分成6份？

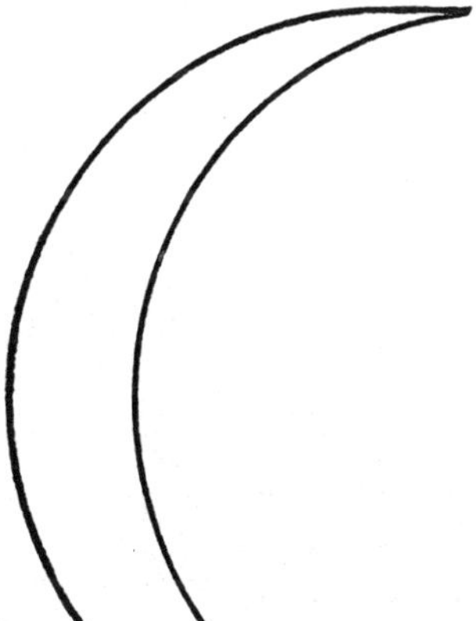

答案

如右图，分别连接AB、CD，形成两条直线，就能将月牙分成6份。

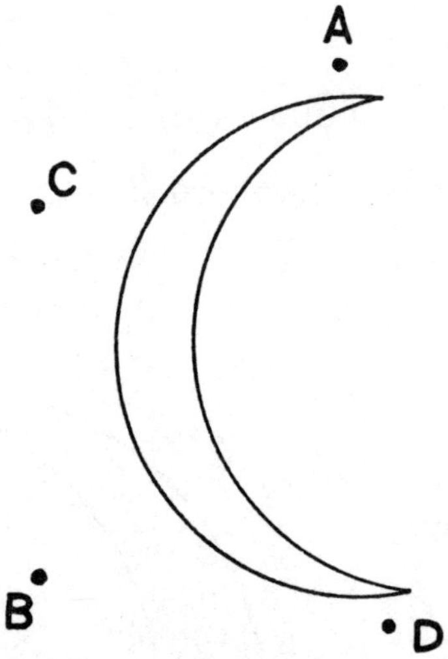

【启示】

这种问题，如果只是在脑海中思考的话，效率是极其低下的。因为只需要移动两根直线就能解决的问题，与其磨磨蹭蹭地在脑海中考虑许久，不如直接拿上两根铁丝比画比画。并且，考虑到月亮的形状，如果能从对称的角度去思考，就离解开答案不远了。

问题

限时30秒

有两对父子，父亲要给儿子零用钱。一个父亲，给了自己的儿子1500日元。另一个父亲，给了自己的儿子1000日元。但是，当两个儿子把自己得到的零用钱合在一起的时候，发现一共只有1500日元。这是怎么回事?

答案

虽说是两对父子，但实际上是祖父、父亲、儿子三代人。

祖父给了自己的儿子（父亲）1500 日元，父亲将其中的 1000 日元又给了自己的儿子。因此，两个“儿子”的零用钱总数只有 1500 日元。

【启示】

一说到两对父子，浮现在头脑中的就是四个人。这就是这类智力题的陷阱所在。如果被这样的前提所局限，再怎么分析各种可能性，也无法想到原来答案只是这么简单。

问题

限时
2分钟

桥下发现了一具年轻女性的尸体，系溺水而死。一个划着单人双桨船全速通过那座桥的男子做了以下的证词：“那个女子在桥上脱掉帽子，一跃而下。这是我亲眼所见。”Y刑警不愧经验丰富，一眼就看出他在说谎。请问他是怎么做到的？

答案

因为单人双桨船需要背对前进方向划，所以当男子全速通过桥的时候，应该不可能看到桥上发生了什么。

【启示】

小船是我们在日常生活中经常看到的东西。

但是，一旦遇到具体的问题，就想不起来“单人双桨船是向后划的”这一特殊之处了。我们对于这一类具有现实意义的问题，可以抱有更多的好奇心，再发散性地进行思考。

问题

限时 30秒

1个细菌，经过1分钟分裂成2个，又经过1分钟，各自分裂后变成4个。就这样，一个细菌经过分裂，要装满整个瓶子，需要1个小时。

同样的细菌，如果一开始就是2个，分裂后要装满整个瓶子，需要多久？

答案

59 分钟。

1 个细菌分裂成 2 个需要 1 分钟，从 2 个开始就是本题了，也就是说只节约了最初的 1 分钟。

【启示】

如果持有“2=1+1”这样的固定观念，应该会回答 1 个小时的一半，也就是 30 分钟吧。

在这道题中，如果考虑到 1 的后面接下来就是 2，就会简单很多。同样，如果是从“4 个”开始，应该考虑到 2 接下来是 4。

这是让头脑活跃起来，让视角发生转变的准备体操。

问题

一名年轻的女子遭到了绑架，如何通过最短的距离救出她？

答案

如图所示。

【启示】

与其说这是一道“迷宫”题，不如说是一道“脑筋急转弯”。

根据该题的题目所述，如果思考时思维有所限制，本题无解。大概没有人一开始就能想到围墙外面的路吧，可这有什么不可以呢？当被困在迷宫中，无论如何也找不到出口，疲倦了的时候，是选择放弃还是继续，这就是差别。俗话说，“需要是发明之母”，有时候正是被逼到绝境，才会有异想天开的主意。所以，千万别小看那些看上去显得无聊愚蠢的问题。

问题

限时
10秒

一艘由螺旋桨推动的单桅船从横滨航行到旧金山。船的哪个部分移动的距离最长？

答案

螺旋桨的最外一圈。

因为地球是圆的，所以很多人容易认为沿外侧运动的桅杆顶部的移动距离最长，其实并不是。

【启示】

陷阱并不只有一个。当你以为已经绕开了陷阱而长舒了一口气时，说不定已经掉入了另一个陷阱。看起来不难，但不要因为粗心大意而落入出题者的陷阱，这一道题正是为了提醒你这一点而设的。

问题

限时30秒

下面这个故事的矛盾点在哪里？

“我终于成功了！”花野一郎目不转睛地盯着逐渐溶解的试验品，得意地笑着。他花了半生的心血研究出了一种“什么都能溶解的液体”——任何东西只要接触到这种液体，瞬间就会被溶解，而它的威力现在正在显现。

几分钟前，他将液体带到实验室，在一件物品上滴了几滴——仅仅如此，这件物品就永远消失在这个世界上了。花野陶醉在成功的喜悦中。

答案

“任何东西只要接触到这种液体，瞬间就会被溶解。”那么，用什么来装这种液体呢？这是这个故事最本质的矛盾点。

要溶解一件物品，仅仅几滴就够了吗？所有东西一瞬间就会被溶解，那么“逐渐溶解”这一说法岂不是很奇怪？

这样的疑点和不合理的地方在这个故事中有好几处。但是，如果只盯着这样的细枝末节，就很容易忽略问题的本质。

【启示】

我们的思维很容易被细枝末节带跑。“既见树木又见森林”的训练很必要。

问题

猎豹和狮子在平原上进行单程100米的折返跑比赛(总计200米)。

猎豹的步幅是3米，狮子的步幅是2米，这样的步幅保持到最后不发生变化。但是，在狮子跑3步的时间内猎豹只能跑2步。

那么，最后谁会赢?

答案

狮子。

猎豹和狮子的奔跑速度是一样的。但是，由于单程是 100 米，在折返点处，狮子恰好跑了 50 步，而猎豹在前 99 米是正常奔跑，接下来的那一步必须越过折返点，跑到 102 米处，才能折返。也就是说，猎豹实际上往返共多跑了 4 米。因此，狮子胜。

【启示】

步幅 3 米跑 2 步和步幅 2 米跑 3 步在距离可以正好除尽的时候是没有差别的。直线的 200 米跑与 200 米折返跑有什么区别，结合现实的情况一分析，应该不是什么太难解答的问题。

休息室问题

这个印第安人指向的大平原中藏着三个恶人，他们在哪儿？

如图，将画横过来看，就能看到三张男人的脸（两张脸向画面左边，一张脸向画面右边）。

2. 头脑柔软体操

〈例题〉有一棵树，树下有一头被一根两米长的绳子拴住牛鼻子的牛。牛的主人在离树三米的地方放下草料就离开了。不知道什么时候，草料就被牛吃光了。请问牛是怎么吃到草料的呢？当然，绳子并没有被挣断或者被解开。

从现在开始，如标题所示，要开始进行头脑的柔软体操。

如本书在一开始就已经指出的那样，妨碍头脑运动的第一大敌便是顽固，所以我们首先要使大脑彻底地变柔软。

那么该从何处入手呢？毋庸置疑，必须将过去的体验、知识、先入为主的观念、常识、社会习惯、生活习惯等妨碍自由思考的东西，从根本上一扫而光。

因此，本章准备的几个柔软体操，就是要将你的头脑从顽固中解脱出来。这里的有些问题很有名，可能有的读者看过。问题的陷阱往往落在人们心理的盲点上。

虽然俗话说，“犬头朝西尾向东”[1]，但是要解决本章中的问题，仅仅依靠理所当然的想象或者常识，是远远不够的。

虽然犬头向西，但是尾巴不一定向东。向上、向下，或者横着都是有可能的，真要回答“哪儿都不朝着”也不能说不对。这种时候，就能体现出超出常识的思考的新鲜感。

那么回到例题，怎么样，有答案了吗？你应该马上就想到了吧。

不用说，这道题的陷阱在于拴住牛鼻子的绳子。再好好看看问题，没有说拴着牛的绳子系在树上啊。如果你想当然地认为这头牛是被绳子拴在树干上的，自然就落入了出题人的陷阱。因为常识告诉我们，绳子，就是用来把牛拴在树上或木桩上的。

试试接下来的几道题吧。即使每次都要落入陷阱也没关系，经过反复操练，把头脑从顽固中解放出来，向着超越常识和习惯的思维努力吧！

---

① 日本谚语，意思是理所当然，毋庸赘述。

问题

限时
3分钟

河宽100米，在河的两岸有A、B两处。如何在河上架桥，使从A到B的距离最短？当然，河的宽度是固定的，桥也不能斜着架。

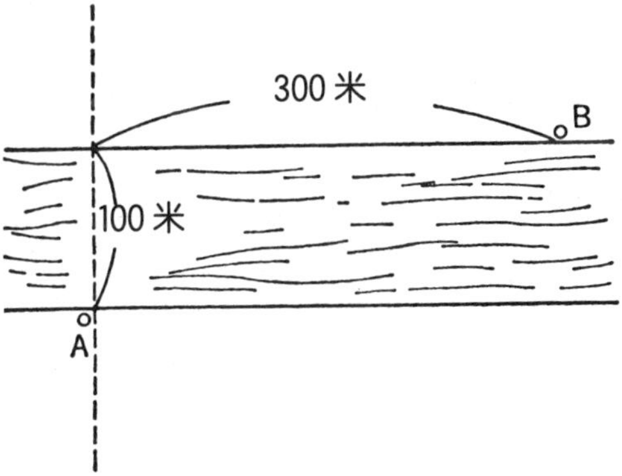

答案

如图所示，造一座宽度为 300 米的桥。从桥上直接斜着走过去就是从 A 到 B 的最短距离。

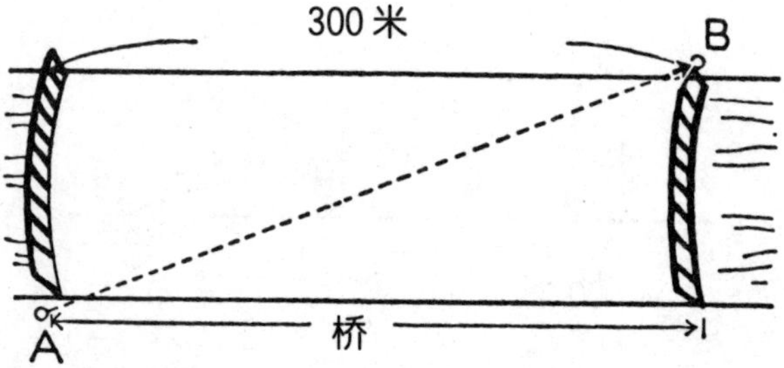

【启示】

关于桥的宽度没有限制，所以这是实现目标的最简单的办法。只是，在我们的概念里，桥的宽度一般只有 10 米、20 米的样子，所以限制了我们的想象。

问题

限时2分钟

直径 30 厘米的黑胶唱片，尺寸如图所示。播放这张唱片的时候，指针从开始到结束大约走了多少距离？每毫米平均有 3 条沟槽。

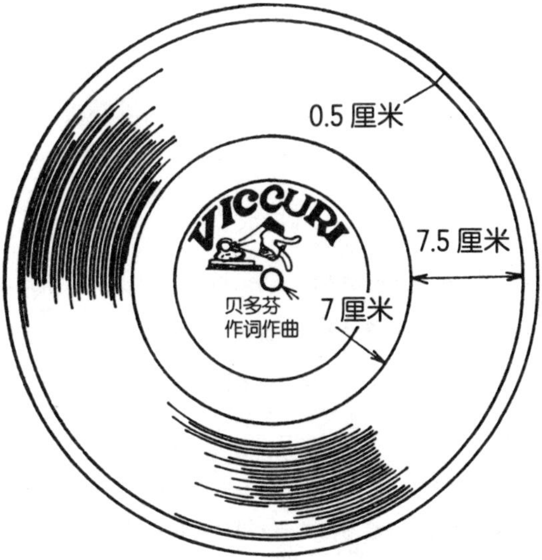

答案

约 7.5 厘米。

【启示】

眼花缭乱地转动着的并不是指针，而是唱片。指针只是面向唱片，安静且平缓地画着弧线而已。通过每毫米有多少沟槽去计算沟槽的长度，这样的想法只能说是对数学过度敏感了。

我们嘲笑那些曾经相信地心说的人，但我们自己也会陷入同样的错误而不自知。这道题便利用了这种典型的思维模式。

问题

限时10分钟

阿拉伯有一个很有钱的大财主。有一天，他把两个儿子叫到跟前。

“你们来进行一场赛马，目的地是沙漠中心的那片绿洲。谁的马胜了，我就把我的全部财产给他。但是，这不是一场普通的赛马，而是比谁的马跑得慢。我在绿洲里等你们，跑得慢的马获胜。”

两个儿子开始了比赛。他们骑着马缓步走在沙漠中，灼热的阳光毫无遮挡地照射在他们身上，简直令他们痛不欲生。就在这时，一名恰巧路过的智者听说了此事，教给了他们一个办法。两个人按照智者教授的办法，一溜烟地驰马逃离了灼热的沙漠。请问智者教授了什么办法？

答案

两个人交换了马匹。

因为父亲只说了跑得慢的马胜，所以两个人只需要交换马匹，就和一般的赛马一样了。

【启示】

这道题也是对墨守成规的思维方式的一次警告，我们要尝试多方面、多角度地进行思考。

“自己的马跑得慢”，换个角度来想就是“对手的马跑得快”，也就是让对手的马早到。对于对方来说，这个条件也同样成立。既然如此，交换一下马，就是最理想的解决办法了。

问题

限时 20秒

只有一个人在直视上面的小天使，是哪一个呢?

答案

当然是你啦!

【启示】

将本书作为客体来看的时候，完全忘记了自己本身，这是人的心理盲点。

问题

限时
3分钟

在一段陡峭的坡道上，有两个挥汗如雨的人，一个在前面拉，一个在后面推，合力移动一辆沉重的行李车。问在前面拉车的人：“后面推车的是你的儿子吗？”那人回答：“是。”又问在后面推车的儿子：“前面拉车的是你的父亲吗？”那人回答：“不是。”请问这两个人是什么关系？

答案

母亲和儿子。

【启示】

陡峭的坡道上，两个挥汗如雨的人要把一辆行李车推上坡道——题目中的信息仅此而已，是我们自己无条件地想象出那两个人都是男性，这是因为觉得体力劳动应该是男性的工作吧。

但是，仔细想想，从事体力劳动的女性也有不少呢。当然，即使这个世界上只有一名女性从事体力劳动，我们也不能忽视这种可能。

问题

限时 4分钟

某日，住在 A 点的 A，接到了住在 B 点的 B 的母亲的电话。B 的母亲说，B 好像要提前分娩，给新生婴儿第一次洗澡的水要从河里打上来，因此请 A 帮忙去河里打水后赶紧送来。A 立刻取上水桶向河边跑去。她应该选择怎样的路线才能最快地把水送到 B 点？这附近没有障碍物，任何地方都可以自由行走。

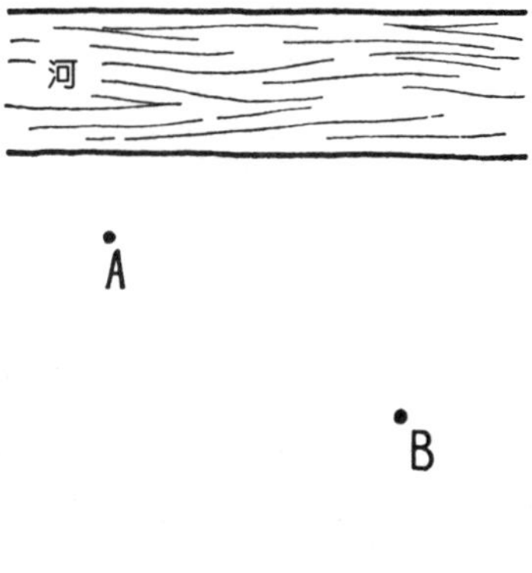

答案

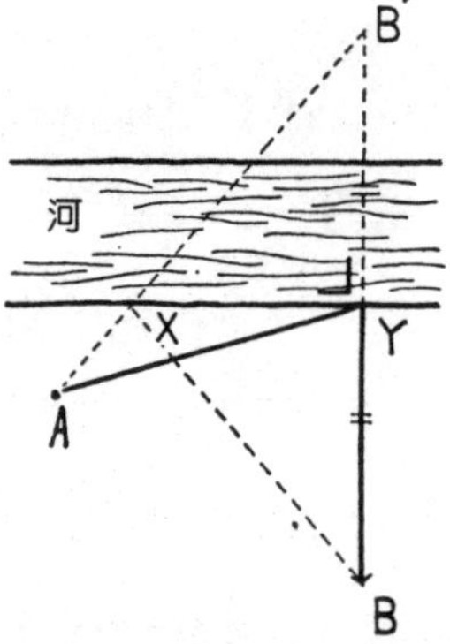

左图中 AYB 的路线。(不是 AXB！)

如果是求最短距离的问题，要找出相对于 XY 的 B 的对称点 B’，那么 AXB 是正解。因为 XB=XB’，与直线距离 AB’同样长的 AXB 是最短距离。但是在本题中，A 提着沉重的水桶走 XB 的距离，无疑是很困难的。A 考虑到这一点，因此她选择了在距离 B 点最近的 Y 点取水，这样才能最快把水送过去。

【启示】

啊，又是一道求最短距离的题！是不是看到这题的时候很开心哪？但是，充分考虑其他必要条件，不慌不忙地寻求解决问题的办法，这种态度也是必要的。

问题

限时 20分钟

二十四个人排成六排，每排五个人，请问该怎么排？

答案

如图所示，排成六边形。

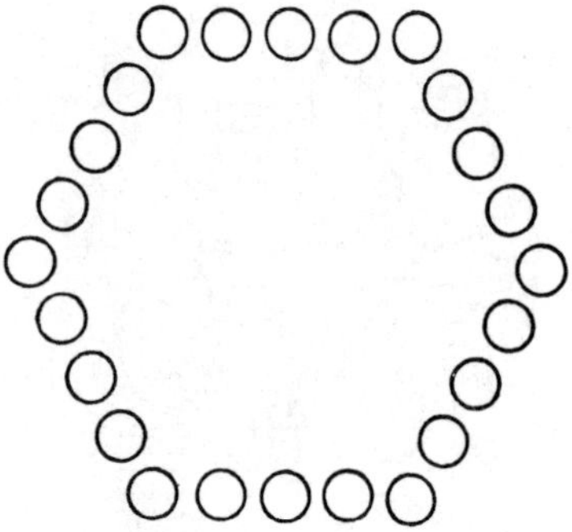

【启示】

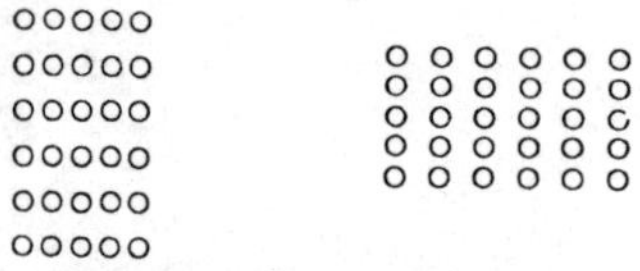

在我们的日常生活中，一说到“六排”，大多数人会想到上图这样的排列方式吧。如果不能打破这样的常识，本题无解。

问题

限时 1分钟

学校里新入学了两名男生。他俩长得几乎一模一样，出生日期相同，连姓都是一样的。有人问：“你们是双胞胎吧？”但意外的是，他们回答：“不是。”请问这两个人是什么关系？

答案

三胞胎（或更多）中的两个。

【启示】

毋庸置疑，这道题击中了思维的盲点，因为依经验，现实生活中三胞胎或更多胞胎极少见。同时出生了不止一个宝宝，但不一定就是两个。因为生活中一般见到的是双胞胎，所以思维就这么被禁锢了。

换言之，出生日期相同，父母也相同的孩子即是双胞胎，这样的想法根深蒂固，而三胞胎、四胞胎这样罕见的情况就被双胞胎代表了。因此一说不是双胞胎，三胞胎、四胞胎等也自然而然地从头脑中抹去了。于是，因为毫无头绪，我们的思维就在原地兜兜转转找不到出口了。

问题

限时 1分钟

如图的三根木棒，在不折断的情况下能组成一个三角形吗？

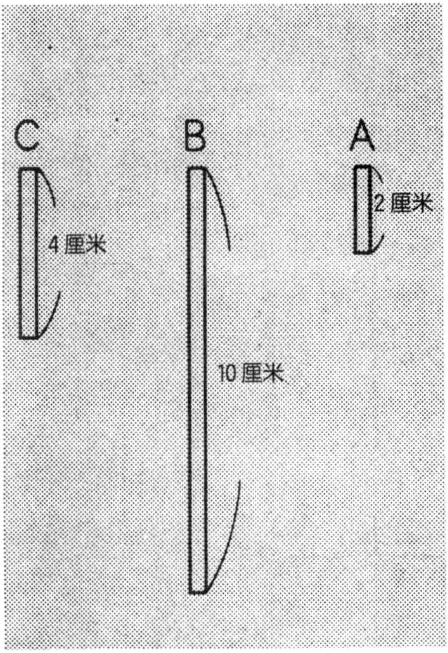

答案

如图所示。

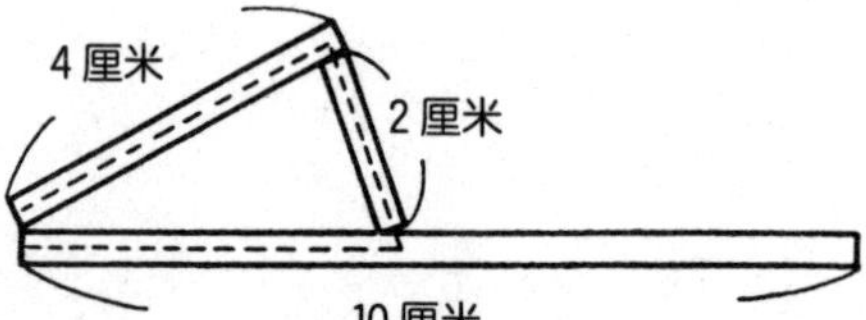

【启示】

“三角形的两边之和大于第三边”，这个初级几何学的知识会妨碍本题的解答。反而是对几何学一无所知的人，如果要他用这三根木棒无论如何组成一个三角形，恐怕他连犹豫都不会犹豫，马上就能答出来吧。知识，有时候是解决问题道路上的绊脚石。

问题

有10根点燃的蜡烛。一阵风吹来，熄灭了2根。过一会儿去看时又熄灭了1根。为了不让风把蜡烛熄灭，有人把窗关了起来，这之后蜡烛就再没有被风吹灭过。请问，最后还剩几根蜡烛？

答案

3 根。

没有被风吹灭的蜡烛最后都燃尽了，所以剩下的是被风吹灭的那 3 根。

【启示】

人总是希望留下自己想留下的东西。本题中，因为人们存在“不被吹灭才能留下”这种心理，而容易忽视对于蜡烛来说，没有燃尽才能被留下这一事实。避免容易混淆的表达方式是必要的。但是，首先要能将混淆之处区分出来，为不陷入混淆做好必要的思想准备。

3. 直觉训练体操

〈例题〉十字军时代，被征服的萨拉森人的旗帜全部要被替换成十字军的旗帜。如果如图所示，萨拉森人的旗帜上有个被挖空的“窗口”，十字军的智者，只剪开了两处，就轻易地将其变成了十字军的旗帜。请问他用了什么方法？

这是收集在著名的萨姆·劳埃德谜题集中的题目，测试人在一瞬之间的灵感（答案如下一页插图所示）。这种瞬间的灵感以及敏锐的直觉是产生创意的重要源泉。当然，无论灵感还是直觉，都不是毫无基础地突然出现的，那是不断思考与努力的结果。

但是，无论怎么努力或者怎么思考，在最后的一瞬间，那些素材必须能够被重组和改编，将一个崭新的充满创意的世界展现在你眼前。

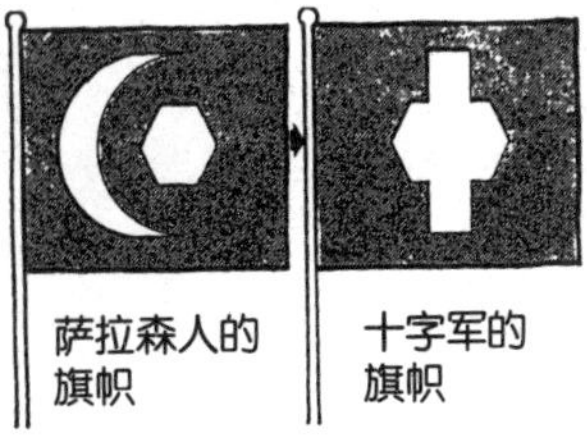

心理学家柯勒在使用黑猩猩做实验的时候，

观察到了“顿悟”的现象。比如，天花板上吊着一串香蕉，黑猩猩要把几个箱子垒起来再爬上去才够得着。一开始，黑猩猩直接跳起来去够，结果当然无功而返。它一脸沮丧地把箱子当作椅子重重地坐了下去。过了好一会儿，突然，它站起身，闪电般地把箱子一个个垒起来，再爬上去，一把把香蕉扯了下来。

我们只看到了问题解决的瞬间，但对于灵感是什么时候形成的，我们并不知晓。于是我想，能不能通过训练，让这个瞬间尽早到来，也就是说，让灵感早一点儿闪现。在这种想法的支撑下，我收集了一些问题，写成了这一章。

这一章主要收集的是有关空间把握的问题。将这些有关图形及空间的问题在头脑中摆弄一番后，直觉力也会得到提升。

问题

限时 30秒

图 A 中能看到数字“4”。有一个几乎同样形状、同样大小的“4”隐藏在 B 中。请把它找出来。

A

B

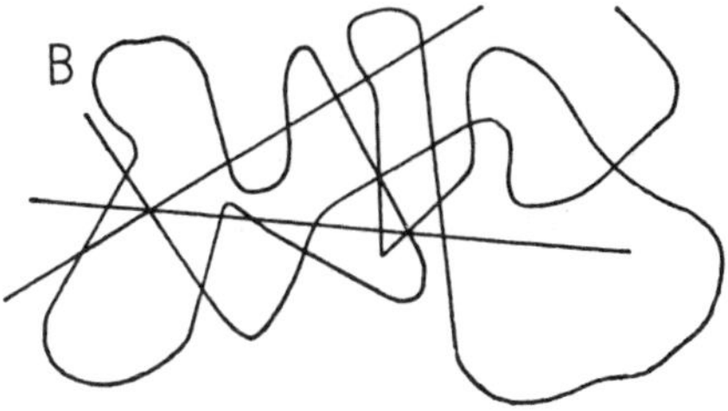

答案

如图所示。

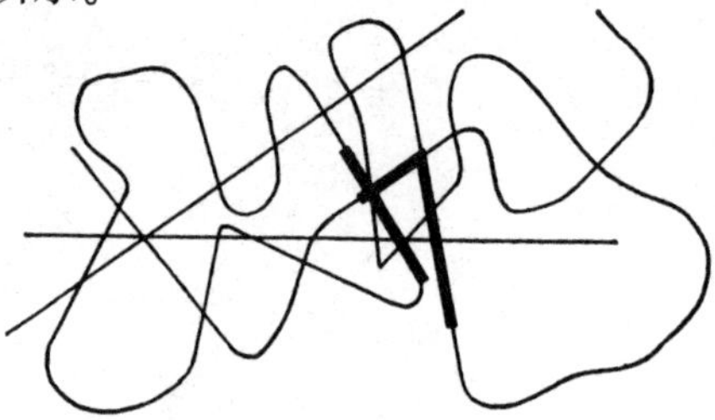

【启示】

从看似连续的线条中找出完整形状，这是形态心理学的一项基础训练，因此找不到这个“4”是很正常的，不要仅仅依赖你的眼睛，把书向各个方向旋转，对于只要是有可能形成“4”的部分都一个一个仔细寻找。然后，以最初那张图中寻找到的“4”作为最直观的参考，使它在脑海中形成尽可能鲜明的印象。这样，隐藏在一堆杂乱线条当中的“4”就渐渐浮出水面，和你脑海中的“4”重合了。

问题

限时10秒

这是一个常见的物品。右图的三个黑影是它分别被三个不同角度的光源照射后所投下的影子。请问这是个什么形状的物品？

答案

如图所示的一次性折叠纸杯。
(分别从正面及侧面看。)

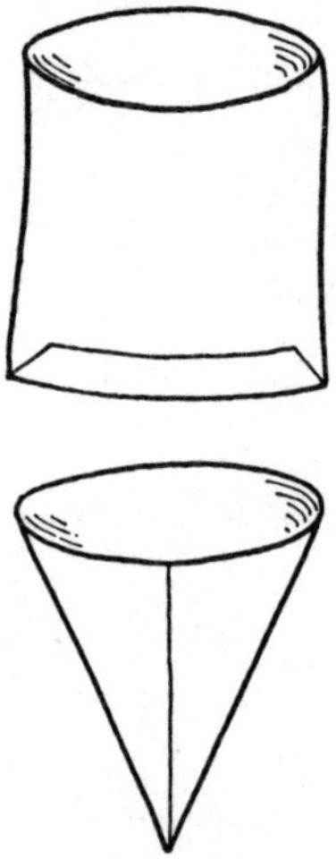

【启示】

如果是平面的问题，那么利用纸张充分思考就可以。但是空间的问题就无法在平面的纸上再现了，只能通过自己的直觉去理解，别无他法。在三维立体空间中，要想象物体的形状不是那么容易的事。但是，加强训练，努力征服难题，我们的直觉力、想象力会得到提升，闪现的灵感也会越来越丰富。

问题

限时 10秒

如图所示，这么奇怪的图案是什么意思呢？

（1）

（2）

答案

(1) COME

(2) FLY

(关注图片的空白之处。)

【启示】

眼睛看到的东西和图片实际想表达的内容，有时候是有区别的。

所谓“百闻不如一见”，强调的是亲眼所见的真实性。但在我看来，所谓“一见”也未必牢靠呢。

问题

限时 20秒

下图是木匠砍下的木头的碎片，它的体积大于还是小于 1000 立方厘米?

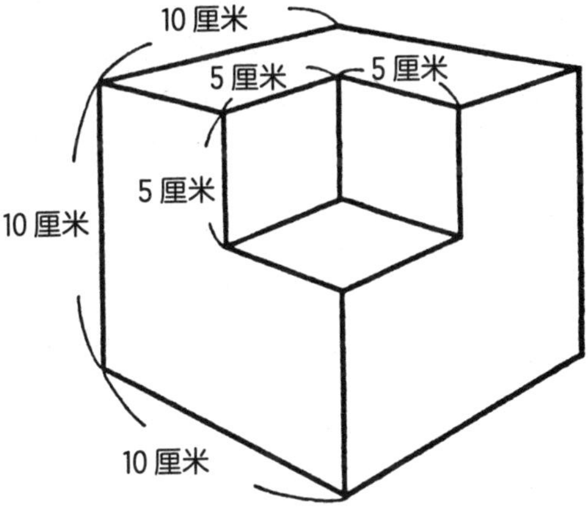

答案

有可能大于，也有可能小于。

因为仅从这张图来看，我们并不知道5厘米边长的部分是凹进去还是凸出来的。几乎所有人都会将它看成凹进去的，并以此来计算，认为体积小于1000立方厘米。但是，这并不一定是正确的。仔细看看，这一次，你能看出它也可能是凸出来的吗？

【启示】

问题没有明确条件的时候，无论如何，需要严密地将各种可能性都考虑进去。如果从这张图中只能看出是一个被切了一角的木块的话，那么你对于其他空间的把握还远远不够。对于这一类的问题需要尽可能多地进行练习，绝不可怠慢。

问题

限时 45秒

七头小猪分别在如图所示的位置。请用三条直线作为栅栏，将每一头小猪都与其他小猪分隔开来。

答案

如图所示。

【启示】

用铅笔和直尺一次次进行尝试，突然某一次就成功了。这是一道训练空间直觉力的问题。

问题

限时30秒

使用同样长短的十根火柴，可以搭出如下图所示的图形。再使用五根同样的火柴，如何能划分出三块面积相同的图形？

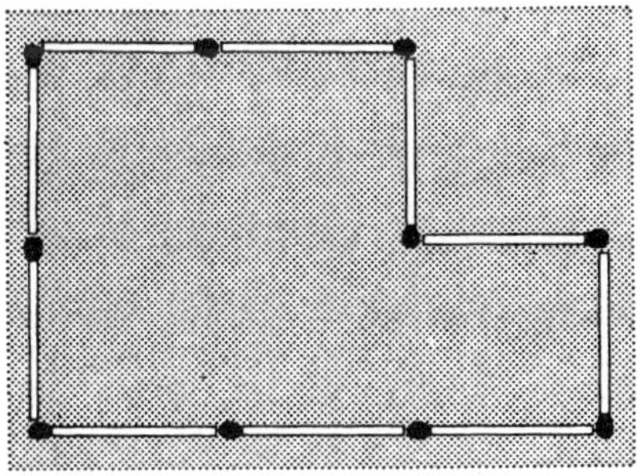

答案

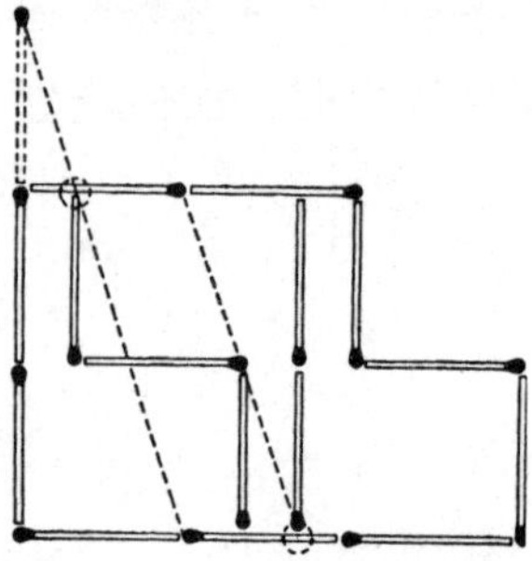

如图所示。

分割火柴的两个点是如何决定的，方法如虚线所示，找到火柴的三分之一处，将火柴置于那个点即可。

【启示】

问题中并没有写三块图形需要形状相同。看似制约的条件越少，问题解决起来就越容易。但对于这道题来说，是否把形状相同作为附加条件，却决定着这道题的胜负。形状和大小相同，面积当然就相同。并且，与其贸然寻找相同的面积，不如好好思考一下，获得正解的线索到底在哪儿。看着这个图形，如果想到要有相同的形状和大小，便是直觉起到了作用。

休息室问题

1. 在印度，男性不能与他的遗孀的姐姐或妹妹结婚，这是为什么？

2. 我叔叔的妹妹，不是我的姑姑。那么，她和我是什么关系？

3. 1升大豆和1升芝麻混合在一起会变成2升谷物——这种说法哪儿有问题？

4. 从东京到大阪的铁轨长为550千米。如果这段铁路每隔1米都铺设1根枕木，铁轨的上面一共要铺设多少根枕木？

5. 没有削过的六角形的铅笔，一共有几个面？如果是圆柱形的红色铅笔呢？

1. 因为本人去世后，他的妻子才会被称为“遗孀”，因此他当然无法结婚了。

2. 我的母亲。

3. 大豆和大豆之间有很大的缝隙，芝麻会落入这些缝隙中，因此合计不到 2 升。

4.0 根。如果在铁轨上面铺设枕木的话，火车就会脱轨了。应该是在铁轨下面铺设枕木。

5. 六角形的铅笔有八个面。这题容易答错，是因为会忽略上下的两个面。此外，如果是圆柱形的红色铅笔的话，就有三个面。虽然是圆柱形，但侧面也是一个面呀。

4. 飞跃力训练体操

〈例题〉如何一笔画四根直线，将下图的九个点联结起来？

创造力开发训练的第四个阶段是培养头脑的飞跃力。头脑的飞跃力训练当然不是加强血液循环的意思，而是通过视角的变换，让头脑能够形成独创的见解与思考。

因此，本章中准备了一些可以让你尽情发挥想象力的题目。如果没有一些奇思妙想，恐怕很难解开哟。

之前我介绍过奥斯本的设问法，希望那种设问法的精神能在这里得到运用。

大一点儿会怎样？小一点儿会怎样？厚一点儿呢？薄一点儿呢？放进三维空间中呢？翻过来呢？从下面看会怎么样？从上面看呢？去掉这个条件，加上那个条件试试呢……情况随时发生着变化，转换一下视角和思考方式是很有必要的。

回到例题，确实如上所述，看到这九个点，如果只联想到正方形，是无法解出这道题的。因为你的头脑被框框限制住了。能不能试着突破这个框框呢？带着这样的想法再次审视这道题，会突然茅塞顿开。

这道题的限制只有“用四根直线”，那么，直线应该是可以超出四角的边框而无限延伸的。正解如下图。

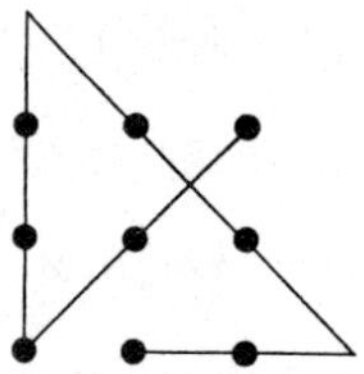

有四个点就想到四边形，有三个点就想到三角形，这是人类的视觉特性，但有时也是致命的。

我每次见到这样的问题，脑海中都会浮现出小鸡的样子。在小鸡的前面放一排栅栏，栅栏外面撒上饲料，小鸡不知道绕过栅栏可以吃到这些饲料，但是狗或猴子能做到。我们至少不能像小鸡那样吧。为了变换一下角度，开拓一下视野，去探寻伟大的创意宝库，训练再难，也请把它当成一件乐事吧。

问题

限时 5分钟

一条纸带，如何能在不越过边缘的情况下，一笔从正面画到背面？

答案

把纸带扭转后两端粘起来即可。

【启示】

这道题是拓扑学领域的问题。将纸条的两端扭转后粘在一起，会在你面前打开一个你想象不到的新世界。

问题

限时2分钟

如图所示，在四分之一圆中的长方形的对角线AC的长度是多少？

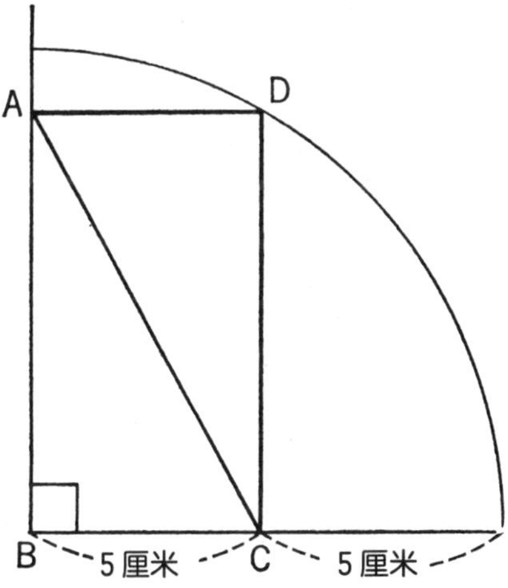

答案

10 厘米。

勾股定理等公式是一概不需要的。对角线 AC 的长度与另一条对角线 BD 的长度是相等的。BD 是什么？稍加思考，答案很简单吧：是圆的半径啊！

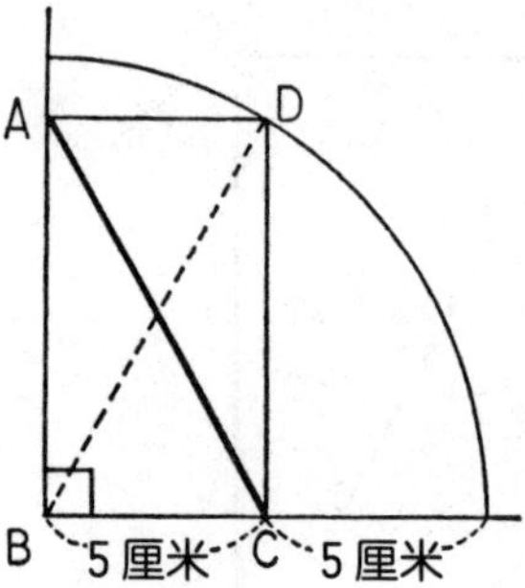

【启示】

一看到直角三角形就想到勾股定理——这是掌握了太多学问的人类的悲哀。好不容易习得的知识、教养反而束缚了我们的眼界，固化了我们的视角。

问题

限时 3分钟

一名男子突发奇想，要在圆形的土地上修建一个如图所示的菱形游泳池。菱形中虚线所示的赛道长多少米？圆的直径为 100 米，内侧虚线所示长方形的长为 90 米，菱形的顶点分别在长方形四边的中心。

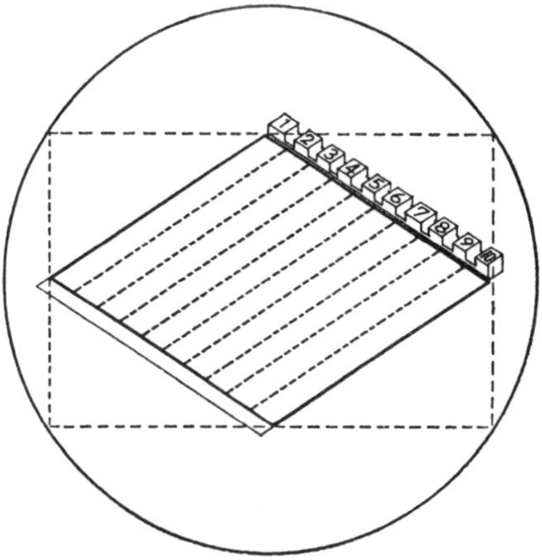

答案

50米。

完全不需要运用勾股定理。如下图所示，菱形的对角线的交点与长方形的顶点相连，这条线段与菱形的一边——也就是赛道的长度——是相同的。菱形的对角线的交点即为圆心，所以线段的长度就是圆的半径，50米。

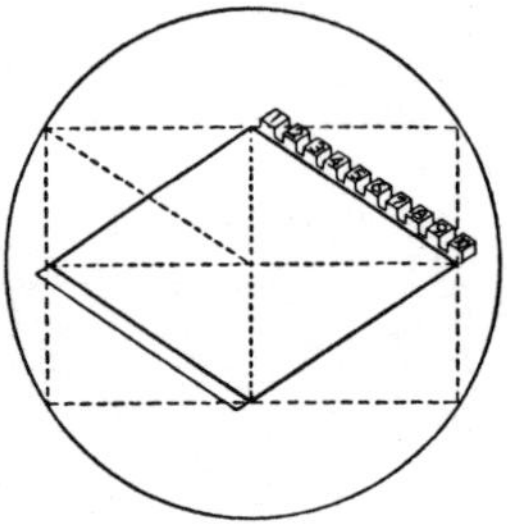

【启示】

这道题是对前一题的应用。

看透事物的本质并能和其他事物相联系，这是为了掌握头脑的飞跃力而需进行的非常有效的训练。

问题

限时 3分钟

这是某个射击场的靶子。有个人射出了 5 发子弹，总计得分 100 环。请问他是怎么射的？

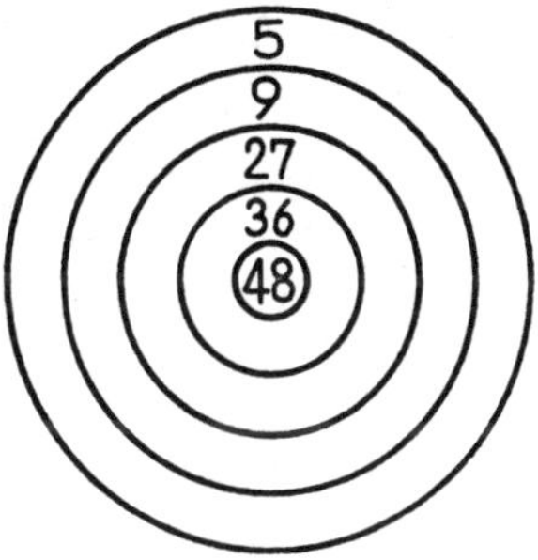

第一问

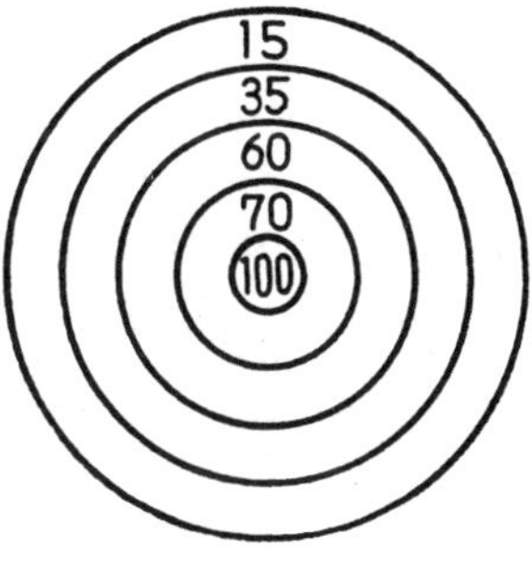

第二问

答案

（第一问）2 发 5 环，2 发 27 环，1 发 36 环，也就是 10+54+36，等于 100 环。

（第二问）1 发命中 100 环，其他 4 发全部射在靶子之外。

【启示】

第一问是一本正经的问题，动脑筋计算一下就行。

问题在于第二问。当然，2 发 15 环，1 发 70 环也对，但是有没有注意到更简单的一发命中 100 环呢？在日常的射击游戏中，很难一发命中靶心，需要把几次射出的环数相加才是最终的成绩。并且在这题中，还会受到第一问思维惯性的影响。如果头脑没有足够的柔软度，无法及时切换，很难想出这一回答。

问题

限时 1分钟

如图所示的一块砖。想知道砖块内部斜对角线XY的长度，应该怎么办？

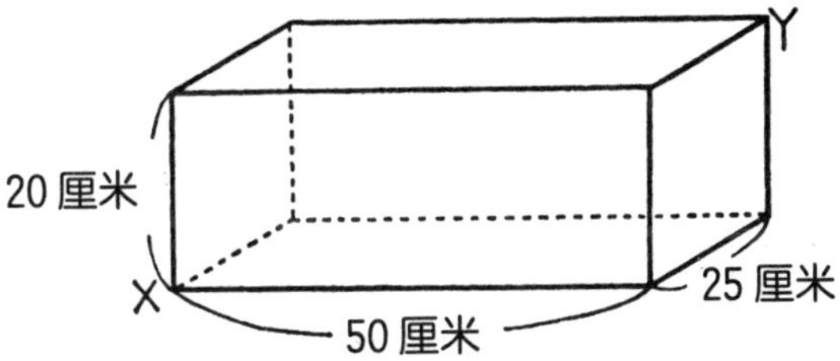

答案

如图所示，从 Y 点垂直竖一根 20 厘米的木棒，然后只要测 AB 的长度就可以（因为 ABYX 是平行四边形，AB 与 XY 等长）。

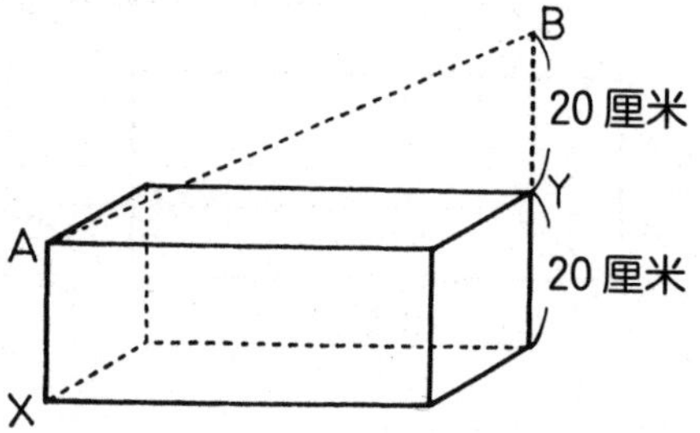

【启示】

这是一道试图打破思维壁垒的题。正因为是在长方体内部，乱用勾股定理反而会走进死胡同。这个时候，只需要借助手边的工具，就能简单地测算出结果了。

问题

限时 4分钟

纸上有一个1日元硬币大小的洞。如何能在不弄破纸的前提下，让一枚10日元的硬币穿过这个洞？①

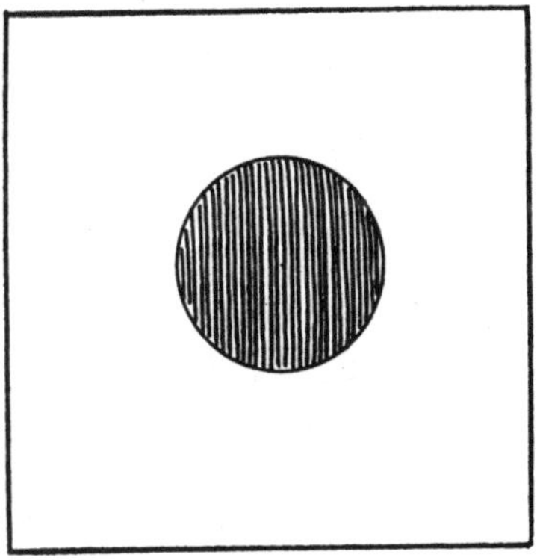

① 10日元的硬币比1日元的硬币大。

答案

把纸对折后向左右两边拉，使洞成为椭圆形，10 日元的硬币就能轻松穿过了。

【启示】

“穿过这个洞”是一个三维立体而非二维平面的问题。10 日元硬币的平面特征是“圆”，如果带入到立体的世界中，我们很容易将它想成“球”。当然，如果真是 10 日元硬币直径的球的话，是不可能通过的。但是 10 日元的硬币不是球，它毕竟只是一个很薄的圆盘，这样的话，只要将纸对折后拉伸，使洞成为椭圆形，它就很容易通过了。

问题

限时 5分钟

有八根针，其中四根的长度是另外四根的一半。针不能弯曲，全部都要用到，如何搭出三个同样大小的正方形？

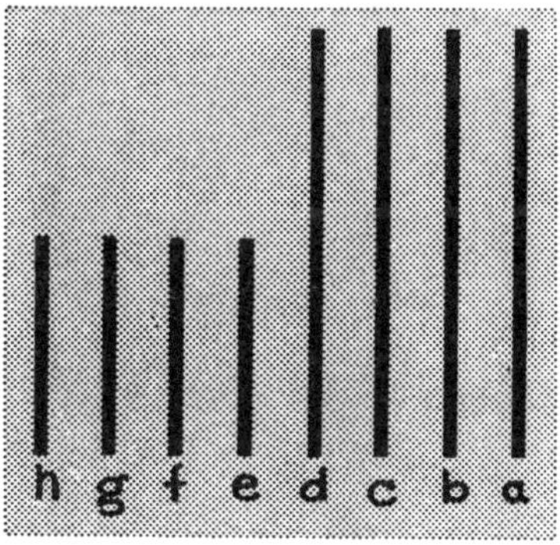

答案

如图所示。

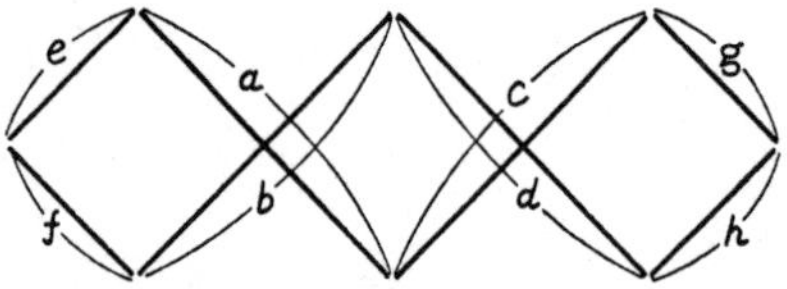

【启示】

我们平时见惯了垂直线和水平线，并且，家里无论房间还是窗子都是这两种直线的组合，这在我们周围司空见惯。因此，我们会很想当然地认为，正方形多是由纵向的线和横向的线组成的。即便是解出这道题的人，一开始也是把针进行纵横排列的吧？不经过那个阶段，就很难摸索到这题的答案；经历了那个阶段，解出了这道题，我们也就从水平、垂直方向上的思考向斜线、棋盘状的思考跨出了一步。

问题

父亲和儿子带着小狗出去散步。儿子和小狗先出发，10 秒后，父亲也出了门。父亲跨出家门的那一瞬间，小狗向着父亲的方向奔过来，到了父亲跟前，马上转头向儿子的方向跑去，一到儿子跟前，立刻又掉头向父亲的方向奔跑过来，就这样开始了往返运动。小狗的速度是每秒 5 米，父亲的速度是每秒 2 米，儿子的速度是每秒 1 米。到父亲追上儿子为止，小狗一共跑了多少米？

答案

50 米。

如果只想着小狗一开始回到父亲这里跑了多少米，然后折返到儿子那里又跑了多少米，问题就被人为地复杂化了。

乍一看，这好像是一道从距离出发思考的问题，但如果转换成时间问题就简单多了。直到父亲追到儿子，小狗一直在以一定的速度不断地奔跑。父亲和儿子相距 10 米，距离每秒缩短 1 米，所以父亲追上儿子需要 10 秒。小狗以每秒 5 米的速度奔跑，所以答案是 50 米。

【启示】

解决本题的要点有二。其一，将距离问题转换成时间问题。其二，不考虑奔跑方向发生的变化。

问题

限时
5分钟

帆船学校的学生说了以下的话："帆船可以迎风前进，这个我知道。但是，今天遇到的情况，真是超出了我的应对能力呢。因为我毫无准备，就闯入了完全无风的地带。幸好很快来了一阵潮水，我靠着潮水才脱了险。在只能听凭潮水摆布别无他法的时候，我觉得真的要心细呀。"

教练听了这番话，却说："如果遇到你所说的无风的状态，只要开动脑筋，就能比潮水行进的速度快！"

请问，这样的办法可行吗？

答案

可行的。说起来，这个学生没有注意到一个重大的错误，那就是，所谓无风状态是针对静止的物体而言的。帆船如果能随潮水而动，那当然对帆船而言是有风的。当然，这时虽说是迎风，但已知帆船可以迎风前进。也就是说，如果能利用迎风，帆船有可能比潮水的行进速度快。

【启示】

这道题，如果是能在脑子里想想就解出的人，是相当聪明的人了。因为要想到在无风状态下行驶的帆船客观上是迎风的，这种大脑的思维转换是非常必要的。但是，在现实的世界中，情况却不是这样。因为帆船随潮水而动的时候，人的两颊会感觉到风的流动。

休息室问题

1. 有没有什么东西可以让一个人用右手拿着，但左手无论如何都拿不到？

2. 越小越高的东西是什么？

3. 现在住在巴西的日本人，即使家里人愿意也不能埋葬在巴西的土地上，这是为什么？

1. 用右手抓住左手的手肘即可。

2. 飞机。飞机飞得越高，看起来越小。

3. “现在住在巴西”的人是活着的人，当然不能埋葬了。

5. 推理力训练体操

〈例题〉如图所示，A、B、C三名男子面朝同一个方向站立。A可以看见B、C的背面，B只能看见C的背面，C看不见A和B。

有一个人给A、B、C每个人的背后系了一条带子，带子的颜色是红色或白色的。当然，他们自己不知道自己背后的带子是什么颜色，只知道一开始有两根红带子和三根白带子。这个人先问A知不知道自己背后带子的颜色，A说不知道。然后问B同样的问题，B的回答与A一样。

但是，问到C的时候，C却能答出自己背后带子的颜色。

那么，C是怎么知道的呢？他背后的带子是什么颜色的？

创造力训练的第五阶段是培养推理能力。根据已知的材料或条件仔细思考，然后得出结论，或者找出被隐藏起来的因果关系，从而解开谜题。头脑体操作为创造力开发的基础训练是不可或缺的。这与创造力丰富的人通常会比较喜欢推理小说或魔术这一点完全相符。

回到本题中，C 的推理过程如下。

①首先，假定自己背后的带子是“红”。②如果这样的话，能够看见B和C的A，应该看到的是B和“红”。③但是，因为“红”只有两个，所以如果B是“红”的话，当然，A 应该能推理出自己是“白”。但是，A 的回答是“不知道”。④另一方面，因为B能看到C是“红”，而能看到B和C的A的回答是“不知道”，他应该立刻知道自己是“白”。⑤ B 在听到 A 说了“不知道”的情况下的回答也是“不知道”，那么B看到的颜色不是“红”。因此只有一种可能，那就是 C 一开始假设自己“红”是错误的。⑥也就是说，C 背后的带子的颜色是“白”。

就这样，乍一看不可能解决的问题，经过推理顺利地解决了。现在，我们开始答题吧。

问题

限时 10分钟

母亲带着年轻的女儿乘火车，对面坐着两名男子。这两名男子一个是白人，一个是黑人。火车开进了山洞，车厢里熄了灯，顿时一片漆黑。突然，他们坐的那个位置响起了“啵”的一声亲吻，随即是“啪”的一记耳光。灯重新亮起来的时候，四个人像什么都没发生过一样，但对于刚才发生的事情，心里却各怀心事。

母亲：女儿还真是正派，被亲了一下立即还以耳光，做得好！不过，这样的事到底是那两个人当中的哪一个做的呢？

女儿：刚才就觉得这个白人好讨厌，该不是他亲了我妈妈吧？话说回来，妈妈刚刚打的那下耳光到底是打了谁呢？

白人：咦？为什么是我被打了？黑人犯的错为什么要我来承担？

那么，这件事情的真相到底是什么？

答案

黑人在自己手背上亲了一下，然后打了白人一记耳光。

【启示】

只要按顺序进行推理，就能将乍一看觉得不可思议的问题很快解开，这是一个极好的例子。也就是说，一开始要思考被亲到的那个人是谁。从三个人的话中，可以判断出三个人都没有被亲到。也就是说，只可能是剩下的那个黑人了。那么亲别人的是谁？从三个人的话中也能知道，三个人都不是。所以，也只能是那个黑人了。根据同样的分析，打了别人耳光的也是黑人。答案就显而易见了。

问题

限时 15分钟

有一栋十层楼高的楼房，配有电梯。住在十楼的A经常要外出。但很奇怪的是，他下楼的时候一定会坐电梯，但是上楼的时候却几乎不坐。他总是在一楼电梯附近张望一圈，确定没有人之后，就一个人从楼梯上去。A这么奇怪的行为究竟是为什么呢？

答案

因为 A 是个小孩子。

电梯中一楼的那个按键他够得着，而十楼的按键他够不着。所以他在电梯附近张望，是在找有没有能帮他按十楼按键的大人。

【启示】

说到“十楼的居民”，我们马上想到的是大人，这是第一个圈套。第二个圈套是我们普通身高的大人，当然没有过够不着十楼按钮的经验。因此要通过训练，让我们的大脑不受自己的经验和常识所限制，时常能考虑到各种可能性。

问题

限时 10分钟

波涛汹涌的大海边矗立着一面绝壁，上面覆盖着厚厚的积雪。两行清晰的男子的脚印延伸到绝壁的边缘，最终消失了。这怎么看都像是跳海自尽了。

但是第二天，有人好像在附近的村庄看见了那个男人，对这样的事你怎么看待？

答案

可能是出于什么原因，这名男子想给别人造成他自杀了的假象，但实际上他沿着自己来时的足迹倒退了回去，在返回的途中伪造了反方向的脚印。

【启示】

我们的脚一般都是让身体向前方移动的，这道题就是利用这个常识将计就计。也就是说，足迹的脚尖所指的只是在那一瞬间他站立的方向，并不能作为他向哪个方向行进的证据。有关亚森 · 罗宾[1]的作品中就出现了这样的计谋。

---

① 亚森·罗宾，法国作家勒布朗在其推理小说中塑造的一个侠盗人物。

问题

限时 5分钟

有个人说，他有一只耳朵听不见。要想确定他说的是真是假，该怎么做？

答案

找两个人，在那个人的两只耳朵边同时说长短相同但内容完全不同的话。如果他真的有一只耳朵听不见，那他就能复述出好的那只耳朵听到的话。如果他两只耳朵都是好的，那他两边听到的话会混淆在一起，令他最终什么都复述不出来。

所以，是真是假一试便知。

【启示】

你的回答不用和给出的答案一模一样。出这道题就是希望你们能够解放思想。所以，大胆尝试各种可能性吧。因为只有这样，这个问题才有价值。事实上，除了给出的答案以外，说不定还有其他让我们意想不到的办法呢。

问题

限时 20分钟

警察逮捕了三个人，其中有一个是秘密社团“谎言社”的成员。这个社团的成员在任何时候说出来的都是谎话。可是这三个人中究竟哪一个才是“谎言社”的成员呢？这件事让警察费尽了心思。以下三个人的供述中，隐藏着决定性的线索。究竟谁才是“谎言社”的成员呢？

A：“……”(问询的警察稀里糊涂的，漏听了 A 的供述。)

B：“A 刚刚不是承认‘我是谎言社的成员’了嘛！我？我当然不是！”

C：“不是呀，A 刚刚说的是‘我不是谎言社的成员’。我当然不是啦！”

答案

B。

答案正是从漏听了的 A 的话推理出来的。如果 A 是谎言社的成员，因为他要说谎，所以他当然应该说："我不是谎言社的成员。"如果他的确不是，那他应该诚实地说："我不是谎言社的成员。"也就是说，无论是不是，A 说的话都只有"我不是谎言社的成员"这一种可能。因此可判断出 B 在说谎。

【启示】

解决问题的关键在于推理能力和分析能力。对于缺乏这两种能力的人来说，这道题是极其难解的。

问题

限时 10分钟

一个女子来到一个珠宝商那里，要修理一条镶嵌着许多颗珍珠的坠饰。她在珠宝商面前再三确认了珍珠的颗数：“从上往下数共有 13 颗，从上往下数到分叉的地方，向左和向右数都是 13 颗。”

但是，修理完成后，狡诈的珠宝商偷了 2 颗珍珠。女子来取坠饰的时候，按照原先的规则数了数，并没有发现少了 2 颗，安心地回去了。

那么，这个狡诈的珠宝商，到底是用什么办法做到的呢?

答案

如图所示。

原来的排列，是从上往下数到第 8 颗的时候往左右分叉，现在是从第 9 颗开始。数数的规则并没有变化，但是珍珠的总数从 23 颗变成了 21 颗。

【启示】

数字确实是进行抽象思维的道具，但是，如果撇去其具体的意思，单纯认为它只是数字，会是多么危险的事，本题可以让我们对此略知一二。

休息室问题

1. 下图 1 是用火柴搭的一只猪。可是不幸的是，这只猪被后面的翻斗车撞死了。只能移动 2 根火柴，该怎么表现出它现在的样子呢？请在 10 秒内回答。

2. 下图 2 的火柴再加 5 根，能成为“9”吗？

3. 如下图 3 所示有 5 根火柴，如何加 1 根变成 4 根？

4. 如何用 4 个“9”组成“100”？

1

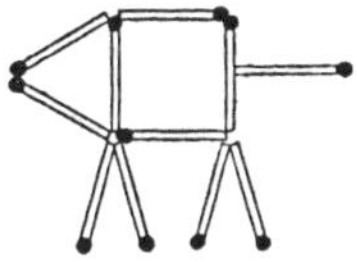

2

3

休息室 答案

1. 如下图 1 所示，压扁了。默哀！

2. 如下图 2 所示。

3. 把 1 根“夹”在嘴里，当然就变成 4 根了。

4. 99+9/9=100

1

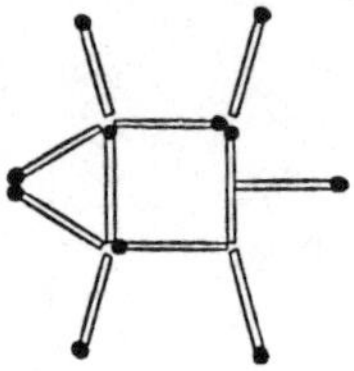

2

6. 观察力训练体操

〈例题〉一个容量为一升的瓶子里面装满了水。以下三种方法中，哪一种方法可以让水最快地从瓶子中流出来？

①将瓶子倒置，静止。

②将瓶子倒置，上下激烈晃动。

③将瓶子倒置，像画圈一样转动。

使头脑柔软起来的正规训练的第六阶段，是要培养认真观察周围的事物并看透事物本质的能力。

这道例题是从某个电视节目中选取的，观察力的重要性在这道题中一览无余。那么，你觉得答案会是哪个？只要试一下，马上就能知道，答案是③。

为什么说这和观察力有关呢？听听答出这道题的女中学生的回答，谁都会觉得有点儿道理吧。她是这么说的：“平时在厨房看到排水口排水的时候，发现水是呈旋涡状的。虽然我不知道这是为什么，但是看到这道题，我想，把瓶子倒过来，像画圈一样转动，应该也能让水尽快从瓶子中流出来吧。”

听她这么一说，我也意识到果真能经常看到排水口的旋涡。但是，我也仅仅是看见，没有特别去留意这一问题。但这个女中学生留了个心眼儿，她观察到的现象在这个时候就派上了用处。

正如这道例题所展示的，很多重大的启示都来自日常生活。不留心的话，错过也就错过了。

发明了空气制动的威斯汀豪斯，据说他的灵感就来自报纸上的一则报道。有一天，他看见报纸上的一则报道写道某矿山“用压缩空气代替炸药取得了成功”，于是他想，能不能将压缩空气用于车辆的制动系统呢？就这样，他发明了空气制动。

那一天，和威斯汀豪斯一起看到这则报道的何止千万人，但从中得到启示，并产生新的创意的，只有他一个人。那么，你的观察力相比威斯汀豪斯如何呢？

问题

限时 20分钟

我在A镇有个好友A，在B镇有个好友B。我的下班时间不确定，下班后马上到车站，才能决定去哪个好友家。

去A镇的电车和去B镇的电车间隔都是十分钟，并且停靠在同一个车站。因此，我站在车站上，来哪辆车就上哪辆。我想，这样的话，我去见A和见B的次数应该是相同的。但是实际上，十次中有九次都是去A家。这是为什么呢?

答案

比如，去 A 镇的电车发车一分钟后，去 B 镇的电车就到站了。在这种情况下，虽然到车站的时间不固定，但是踏上去 A 镇的电车的概率，要远远高于去 B 镇的概率。

【启示】

在我们的周围，总是存在着许多可以设计成问题的宝贵素材。虽然我们经常会遇到问题里所说的情况，但是真的要做出解答时，却怎么也意识不到原因，这样的情况并不少见吧。这道题就是我在偶然的情况下想出来的。

问？题

限时 35秒

请指出图中的一个重大错误。

答案

如果仔细观察足迹的话，会发现中途有个地方的左右脚的足迹反了。

【启示】

要学会敏锐地观察现象。如果足迹是重点，那耐心一点儿，一个个足迹地观察，也不失为一种解决手段。

一说到这幅画里有错误，那么谁都会带着问题去看这幅画。但是，从这道题里我们应该学到的是，即使没有特别指出有问题，在日常的生活中，我们也需要有意识地进行深入的观察。

当然，找到问题的突破点也绝非易事。但是在本题中，应该很快能注意到“足迹”是关键吧。足迹将时间的推移显示出来，带有“过去”的痕迹。即使画面描绘的是现在的一瞬间，如果其中有连贯的足迹，那这幅画也同时叙述了“过去”。至少，其中残留了来自过去的线索。

问题

限时 10分钟

如果拍摄正在行进当中的自行车车轮，那么照片上，车轮上面的部分一定比下面部分更模糊不清。这是为什么？

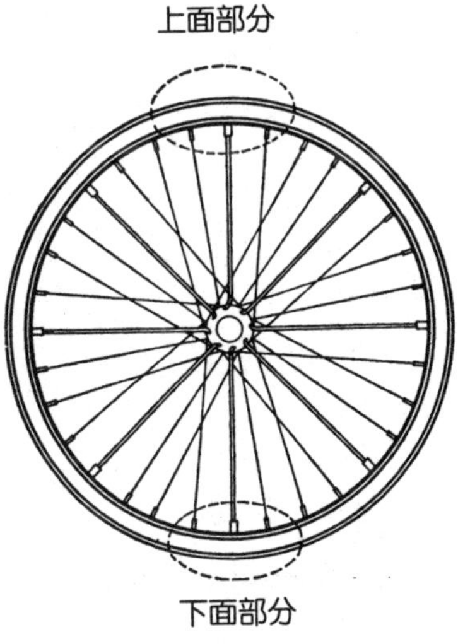

答案

汽车、自行车等交通工具的车轮在转动的同时，自身也在向前方滚动。因此，如图所示，车轮的上部（A → A'）要比下部（B → B'）移动的距离长。

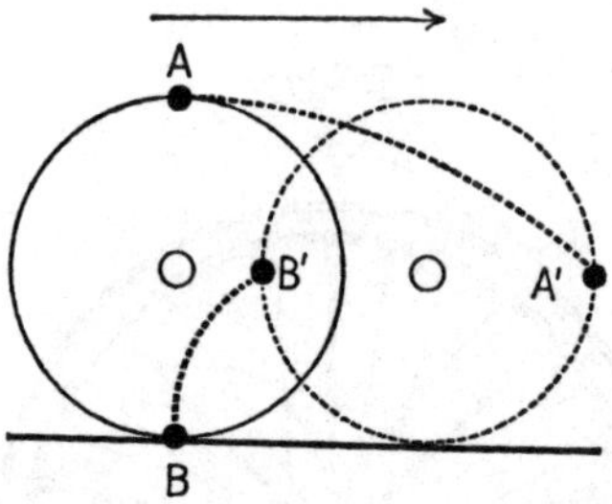

【启示】

这虽然是一道纯粹的轨迹问题，但是，如果真的在现实中遇到这样的体验，我们会不会深究原因呢？我们有必要反省一下自己是否持有这种问题意识。

问题

限时 20分钟

用隔扇隔开的三个房间的中央各悬挂着一个电灯泡。作为某个案件的嫌疑人，住在当中那间房的A被逮捕了。案发那天晚上十点整A是否单独在房间里是整个事件的关键。A说，那时他一个人在房间里。并且，两边房间的住户都说听到十点报时的时候，看到隔扇上映出的是一个人的人影。刑警M听了以后，以锐利的目光看着A说：“你果然在撒谎！”刑警M为什么会这么说？

答案

只有一个电灯泡的房间是不可能把一个人的人影同时映射在两侧的隔扇上的。所以当中那个房间当然是有两个人在。

【启示】

对情况的正确把握是建立在正确推理的基础上的。在脑海中先建立起问题中所述的情况（这道题是三个只有一个电灯泡的房间），以此作为根据再进一步思考，这并不是一道很难的题。

休息室问题

如图所示的两匹马看上去都非常疲惫、羸弱。但是，把 A、B、C 三幅图剪开，让 C 骑在 A、B 上，两匹马看上去就变得非常强健，并且在奔跑。那么，该怎么骑呢？

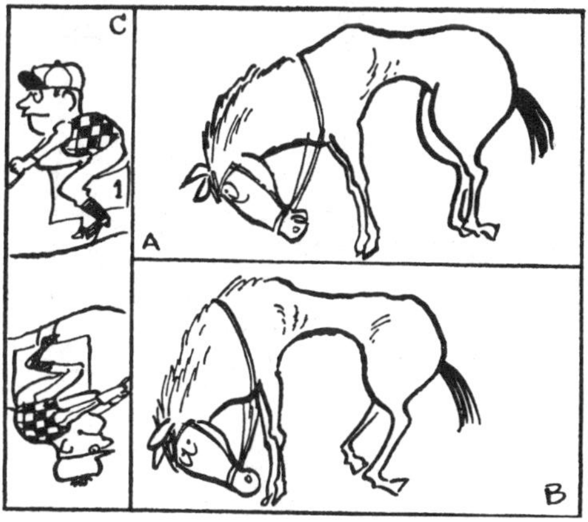

如图所示。

7. 分析力训练体操

〈例题〉一个外国人在某个宝石商那里花 7000 日元买了一颗珍珠。他付了 10000 日元，但是宝石商没有零钱，所以到隔壁的鞋店把 10000 日元的纸币破开，找了外国人 3000 日元。但是后来，鞋店的老板发现那张 10000 日元的纸币是假币。

当然，外国人已经拿着珍珠和 3000 日元走了，宝石商不得不赔给鞋店老板 10000 日元。那么，宝石商一共损失了多少钱？珍珠的损失按它的售价（7000 日元）来计算。

头脑训练的第七个阶段是分析力的训练。

我们首先要对事物保持兴趣，并带着问题有意识地进行深入观察，从而明确事物的特征。只有做到了这一步，接下来才能将素材根据其自身的特点进行整理。然后，明确什么是本质，什么是细枝末节，再将无用的枝节砍去。这样，再与你之前的体验和习得的知识相比较，分析出什么是相似的，什么是不同的，在分析的基础上，以你的体验及知识得出问题的答案。

现在，我们从上述观点出发，再一次回到例题中。

首先是宝石商与外国人的关系。这个外国人拿走了售价为7000日元的珍珠以及3000日元的找零——即总共10000日元——然后逃走了。但实际上他一分钱都没有支付。因此，这笔交易中，很明显，他获得了10000日元，而宝石商损失了10000日元。接下来是宝石商与鞋店老板的关系。宝石商从鞋店借了10000日元又还了10000日元，因此至少鞋店没有任何损益。那么宝石商呢?

在这里，如果考虑宝石商还支付了找零，问题就被人为地复杂化了。找零的问题，在宝石商与外国人的关系中已经清算完毕了。现在只考虑宝石商和鞋店老板的关系。既然鞋店老板没有损失，那与之相对的另一方，宝石商也应该没有损失。因为在只有两方的关系中，如果一方既无损失也无收益，那另一方应该也是如此。与宝石商相关的人物到此为止全部分析过了，因此，宝石商的损失很明显是10000日元。

多用这样的问题训练头脑，透过现象看本质的本领会得到飞速提升，优秀的创意会不断涌现出来。

问题

限时
30分钟

有八个同样形状的物体。其中七个的重量几乎完全相同，而另一个稍轻。只用一台天平，要把稍轻的那个挑出来，应该怎么做？天平只能使用两次。

答案

第一次，在左右两边各放三个物体。如果分量相同，那剩下的两个中就有一个是轻的，再称一次就可以。如果天平两边分量不同，那轻的那个一定在天平分量轻的那一边，从这一边的三个物体中取出两个分别放在天平的两边，如果这两个一样重，那剩下的那个就是轻的。如果不一样重，那轻的那个一目了然。

【启示】

要区分物体的轻重，必须在天平的两边放上相同数量的物体。每边两个、每边三个、每边四个……经过缜密的思考，根据排除法，一定能得出正确的结论。

问题

限时20分钟

这是发生在某个旅馆里的事情。有3个学生来到一家旅馆，每人交给前台1000日元。前台拿着钱交到老板那儿的时候，老板说：“是学生啊，那给他们便宜500日元吧。”于是那个前台拿着5枚100日元的硬币回来了。但是，在回来的路上，他想：“3个人500日元，不能平均分哪。”于是他偷偷藏起了200日元，只还给3个学生每人100日元。

但是，如果仔细想想，最后这3个学生每人出了900日元，3个人一共出了2700日元。加上那名前台偷偷藏起的200日元，一共是2900日元。可是，明明他们一开始拿出了3000日元呀。那100日元上哪儿去了？

答案

这种计算方法很奇怪。3个学生最终支付的金额是2700日元。旅馆的工作人员偷偷藏起了200日元，2700日元减去200日元，最终入账的是2500日元。一点儿问题都没有呀！因此，2700日元加上200日元的计算是完全没有意义的。

【启示】

请忽略最初的3000日元这件事。当换了一种说法，说每个人支付了900日元时，之后的计算和之前的3000日元已经毫无关系了。

问题

限时 15分钟

有个所有面都被漆涂成黑色的立方体，将它从横向和纵向切割成 27 个小的立方体，这时，满足以下条件的立方体各有几个？

① 3 面被涂成黑色

② 2 面被涂成黑色

③ 1 面被涂成黑色

④所有的面都没有被涂成黑色

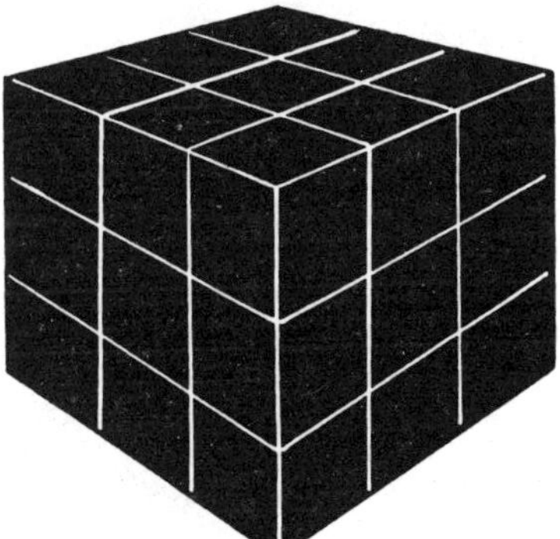

答案

①3面：8个

②2面：12个

③1面：6个

④没有黑色：1个

分割成27个小立方体，也就是如图所示的样子。从图中能够很明显地看出，角落上的8个立方体是3面黑色的。各面中央画圈的是1面黑色的，有6个。最中心的那个没有涂到黑色，只有1个。然后，剩下的都是2面黑色的。

【启示】

这是训练在头脑中描绘三维空间的能力，也是训练分割、整理空间的能力。对于三维空间，如果没有实际的模型，只靠在头脑中想象，又不好好整理的话，其空间形象就会从头脑中消失。

问题

限时 20分钟

有个主妇拿了2枚500日元的硬币出门买东西，预算正好是1000日元。购物清单是：葡萄120日元，苹果210日元，牛肉300日元，点心150日元，鱼140日元，洗衣夹80日元。但是这个主妇有个怪毛病，她希望在她买东西的这5家店中，只有一家给她找零。并且，她很讨厌用整钱兑换零钱。

请问这么奇怪的要求，她能做到吗？

答案

能做到。

在第一家水果店，给店主 2 枚 500 日元的硬币，分别买葡萄和苹果，之后只要把零钱用掉就行。

【启示】

你恐怕在想，这是为什么呀？葡萄和苹果加起来都不到 500 日元，为什么要特地用 2 枚 500 日元去找零啊！

确实，这种事如果发生在日常生活中会很无聊吧，而且现实中也的确不太可能发生，但是这并不能成为想不到这种可能性的理由，因为毕竟这种可能性还是存在的。

在这里，脱离现实的题目自有其有意思的地方，并且，随着问题的解决，你的头脑的柔软性也会不断增强。

问题

限时 20分钟

有 A、B 两个杯子，A 杯盛有水，B 杯盛有葡萄酒，两杯中的液体等量。首先，把 B 杯中的葡萄酒的四分之一倒入 A 杯并充分混合，接下来，将混合液体从 A 杯倒入 B 杯，再次使两杯中的液体等量。那么，A 杯中葡萄酒的量与 B 杯中水的量，哪个多？

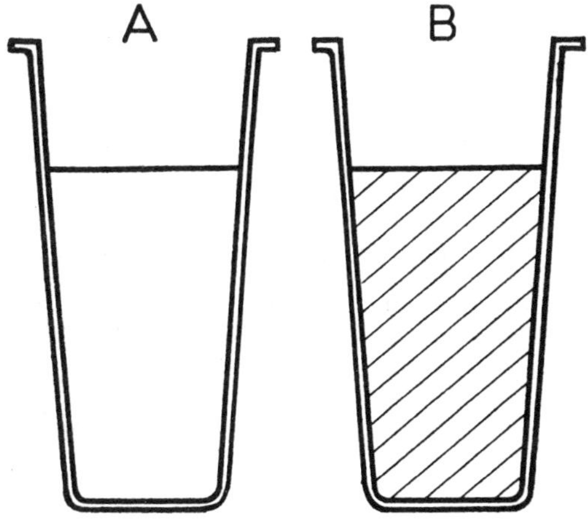

答案

相同。

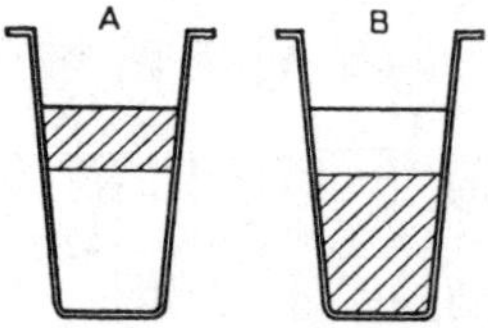

如果作为混合液体来考虑，那这道题就非常麻烦了。因此，假想水和葡萄酒是分离的，如图所示。对于B来说，最初只有葡萄酒时的液体量与经过两次操作后最终的液体量是相同的。因此倒进来的水量相当于从杯中倒出的葡萄酒量，而倒出的葡萄酒正是倒入A杯中的那部分。

【启示】

解决这道题的难点有二。其一，容易陷入将A杯中的葡萄酒量与B杯中的葡萄酒量相比较的错觉当中。其二，是“混合液体”这个词具有很大的迷惑性，连浓度都不知道的混合液体再一次移动——这会给人造成此题似乎无解的错觉。

问题

限时30分钟

这里给大家介绍一种神奇的读心术。如图所示，将石头排列成可洞察人心的放大镜状。然后，请你的朋友从最下面的石头开始，沿着箭头所指的方向数到圆环中的某一块。让他不要出声，默数就可以。当他数到他喜欢的数字对应的那块石头后，从那块石头开始，沿着圆环反方向数到他之前数的数字，找到对应的石块并记住。注意，沿着圆环数白色的石头，不要数到黑色的石头。无论你的朋友数了多少块石头，你都能准确无误地把那块石头找出来。你用的是什么办法呢？

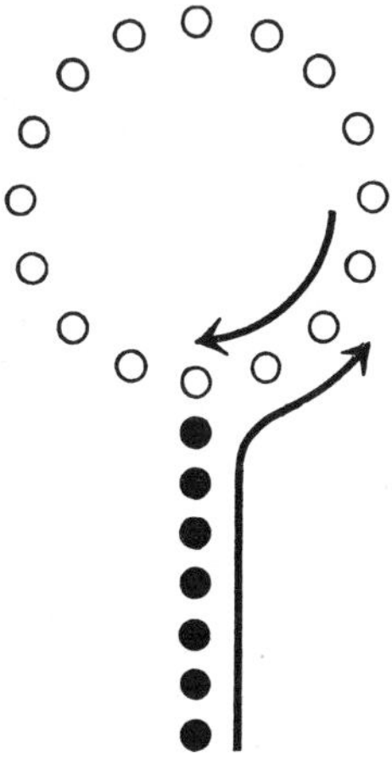

答案

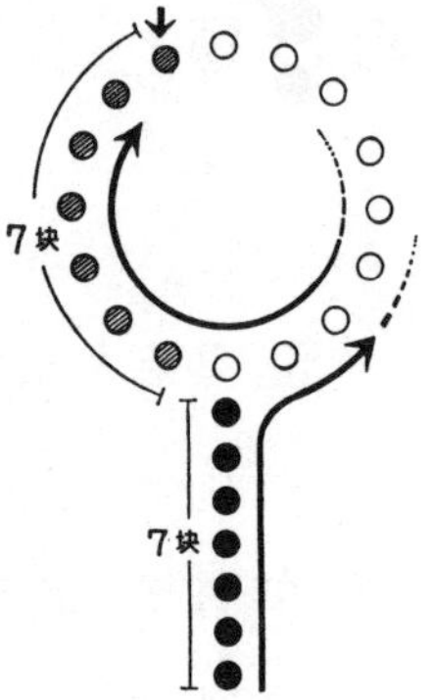

你的朋友选中的那块石头就是图中箭头所指的那一块。事实上，无论他数的数字是多少，最后选中的石头都是同一块。也就是说，在这种情况下，这块石头是从放大镜的手柄最上方往左数的第七块石头。大概到这里你就明白了，不管你数到圆环的哪里，从那里开始反向数同样的数字，结果都会落在从把手和圆环的交点处向左数组成把手的石子数的这一点上。反方向数的时候没有回到把手处，而是回到与把手数字相对的圆环中。

【启示】

这种读心术其实利用了我们对于数字感觉上的盲点。并不是只有复杂的高等数学才能提高数学思考能力哟。

问题

限时 40分钟

这是发生在某个超市仓库里的事。罐头公司的 A 职员把 10 箱凤梨罐头放入仓库，刚准备离开，就接到了公司打来的电话。他得知 10 箱中有一箱因为机械故障，每一罐的分量都少了大约 50 克，所以要紧急回收。如果有秤的话这很简单。于是 A 职员向四周扫视了一圈，找到了一台自动体重秤。这台秤需要投入一枚 10 日元的硬币才能使用一次。A 职员翻遍了身上所有的口袋，只找出了一枚 10 日元的硬币。也就是说，他只能称一次，就要把分量不足的那一箱罐头找出来，他该怎么做？一箱里有 20 罐罐头，每一罐的分量是 800 克。

答案

把箱子从1到10按顺序排列，从1号箱子中取出1个罐头，从2号箱子中取出2个，从3号箱子中取出3个……依此类推，把总计55（1+2+3+……10=55）个罐头放在秤上称出重量即可。一个罐头应该是800克，所以55个应该是44000克。但是，比如称出来的是43800克，那么不足的分量是200克。因为分量不足的罐头每一个大约轻了50克，所以应该有4个罐头分量不足。按照这样的推论，应该是4号箱子是分量不足的那一箱。

【启示】

解决这类需要分析的问题，首先要将问题简单化，从2箱开始，到3箱、4箱……这样逐渐将条件复杂化，解决起来就更容易了。

问题

限时 30秒

这是一个时钟的钟面，将它分割成6片，每一片中的数字之和都相等，该怎么分割？

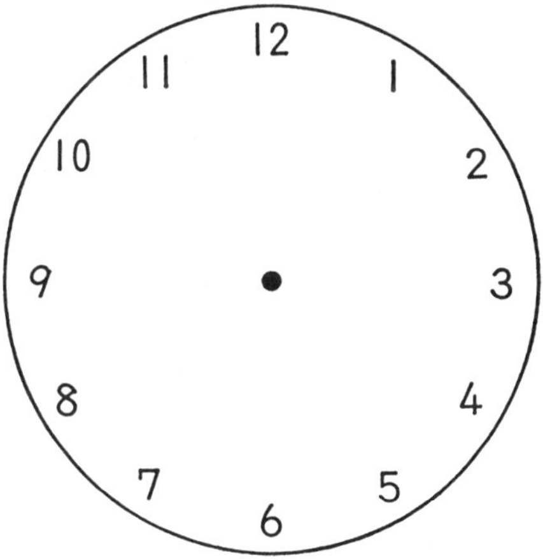

答案

如图所示。

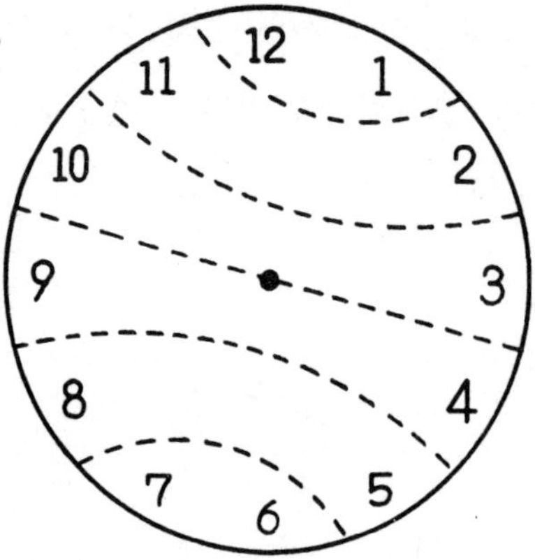

【启示】

分割成 6 片，每一片的数字之和相等。要满足这个条件，毋庸置疑，每一片上的数字之和是从 1 到 12 的数字之和除以 6。

（1+2+3+4+5+6+7+8+9+10+11+12）÷6=13。

如果注意到这一点，这道题就很简单了。而要做到这点，对分析力和推理力是有一定要求的。

问题

限时 35分钟

A、B两个人在卖苹果。A的苹果3个卖100日元，B的苹果2个卖100日元。当两个人都恰巧剩下30个苹果的时候，两个人都有事要急着离开。于是他们委托了一个人帮他们卖掉剩余的苹果。那个人觉得区分便宜的和贵的太麻烦，于是他把3个便宜的和2个贵的，也就是总共5个苹果作为一组，卖200日元。于是剩下的60个苹果，一共卖了2400日元。

A、B两个人回来的时候，向那个人要回卖苹果的钱。A的苹果3个100日元，30个的话是1000日元。B的苹果2个100日元，30个的话是1500日元。这是极其合理的要求，但问题是，那个人一共只收了2400日元，少了100日元。请问那个人的销售方式哪里出了问题?

答案

想法是没错，但是用“3+2”一组的方式，只能组成 10 组苹果，因为之后便宜的苹果就没有了。另外两组的 5 个都是贵的苹果。显然，那个人少收了 100 日元的原因就在于此。

【启示】

简单地计算 60 除以 5 显然是不行的。注意深入研究问题，养成随时分析问题的思考习惯。

问题

在下图的“W”字形中加入三条直线，形成九个三角形。

答案

如下图所示。只要想到在中央画出一个五角星即可。

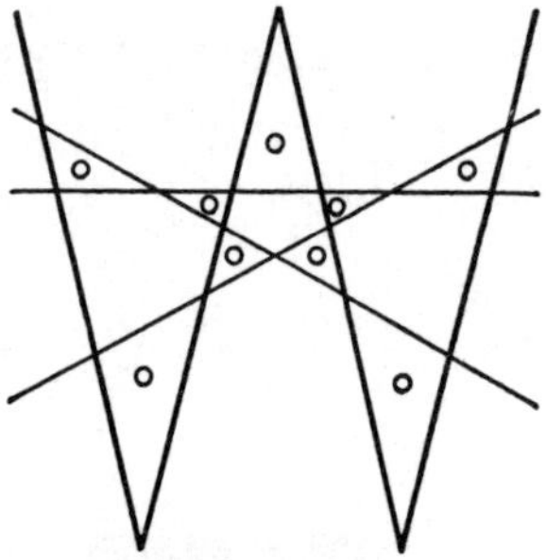

【启示】

对于这样的图形题，如果尝试了多遍仍无法获得正解，不妨让分析来发挥一下作用。也就是说，三根直线本身只能画出一个三角形。那么本题中，将这一个三角形的各边无限延长，与“W”的三个角交错，如何交错可以使三角形的数量达到最多呢？这样多尝试几次，便可得出正确答案。需要记住的是，想要画出尽可能多的图形，就必须让各条直线尽可能多地交错。

8. 持久力训练体操

〈例题〉如图所示，错车用的铁轨过短，那么两辆列车该如何顺利通过？画着圆圈的那节是车头。错车用的铁轨只有八节车厢长，火车可以倒开，车厢之间可以断开。

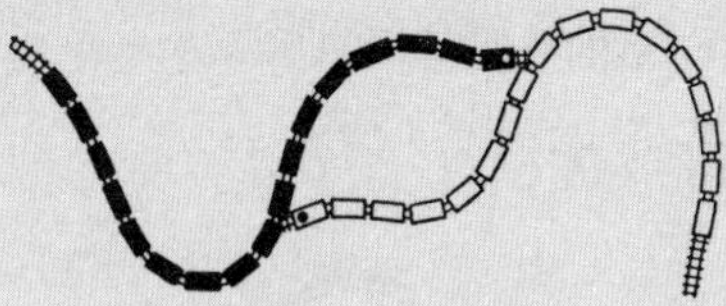

这是一道一看就让人头疼的题，却是训练头脑持久力的理想题目。

面对创意开发这件事，人们当然首先考虑的是别太麻烦的、容易找到窍门的方法。但是，事情并不总是那么如你所愿。

为了应对这些麻烦的情况，平时加强持久力的训练就显得十分必要了。大脑的潜力实际上远远超过你的想象。事事过于顺利反而会带来不少麻烦。

比如说，我们生病的时候在床上躺了一两个月。病是好了，但是脚却不听使唤了。这是因为我们过于关注病体的康复，能不能走路就被忽略了。那么，为了适应环境的变化，足部的肌肉很快就会萎缩。人的头脑也同样如此。如果长期从事单调的工作而忽略头脑的使用，脑细胞就会偷奸耍滑、消极怠工。我们要时刻预防这个问题。

因此这一章的头脑体操是需要花点儿功夫的。加油，不到最后绝不放弃！

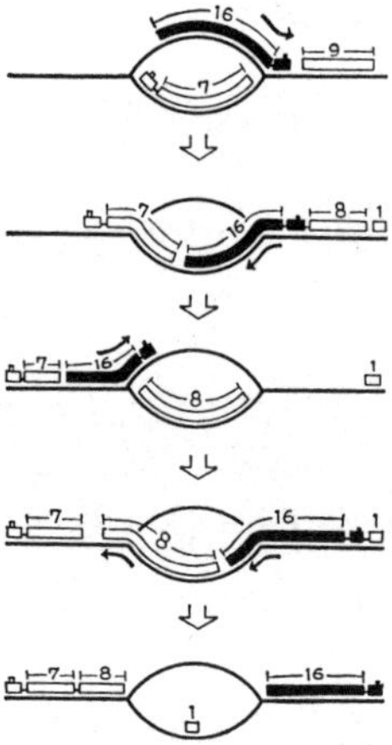

回到例题中。答案如上图所示，数字表示车厢的节数。最后一张图中的那节白色车厢用白色列车拉走，本题完成！

问题

如图所示，有4个球和5枚10日元的硬币，它们中的每个都各自与其他3个（或4个）接触到。那么，如果要使6根烟中的每根都与其他5根接触到，该怎么摆放呢？当然，烟不能弯曲或折断。

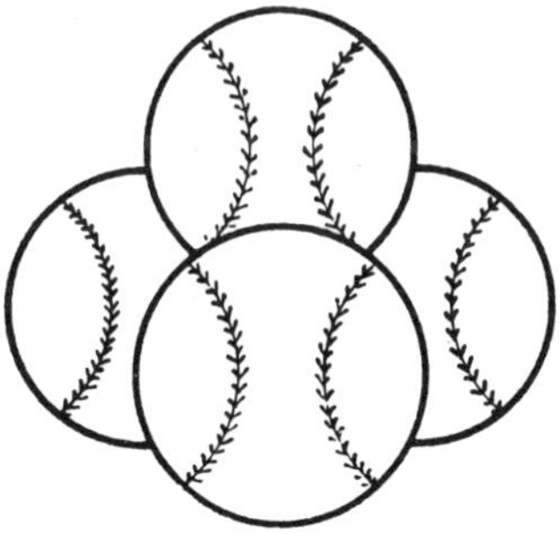

答案

如图所示。(别惊讶，7 根也可以。)

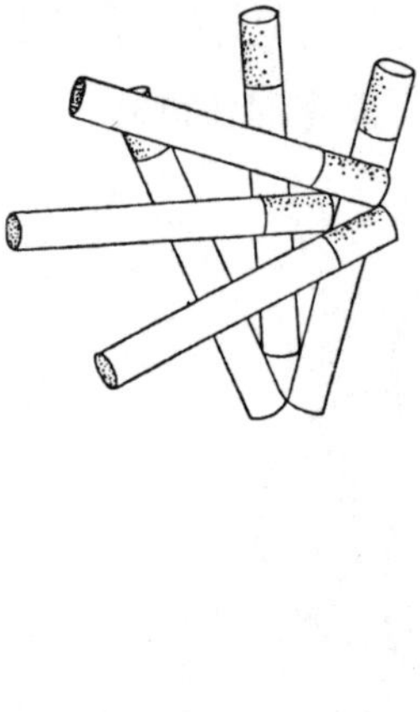

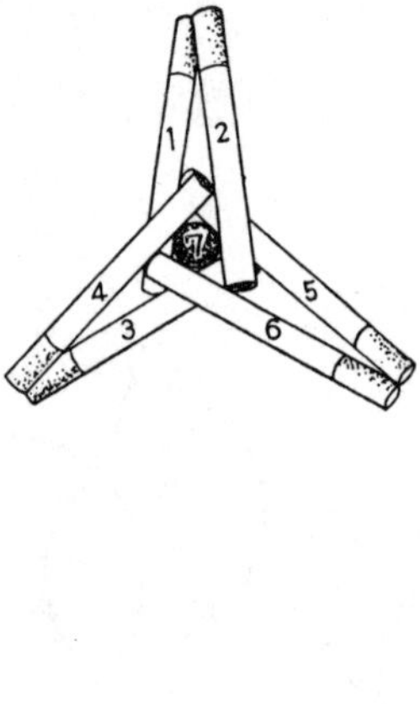

【启示】

想一下子摆好 6 根是非常困难的。先垒起 2 根、3 根，再尝试在 3 根的基础上加上 3 根，这样就简单多了。

7 根的话会更加困难，因为垂直放的那根很难想到。

问题

限时30分钟

在一个平坦的桌子上放着如右图所示的6枚10日元的硬币。一次只能在桌子表面滑动一枚硬币，并且不能使其他硬币的位置发生改变，如何能摆出如下图所示的图案？移动的次数要尽可能少，并且中央要留出一枚10日元硬币的空间。

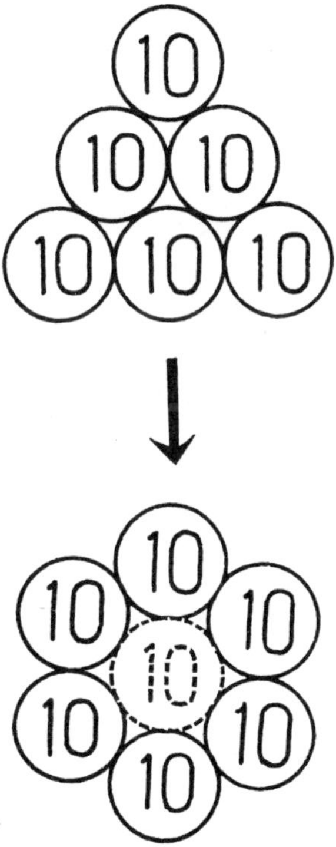

答案

如图所示。答案不唯一，还有其他解决办法。

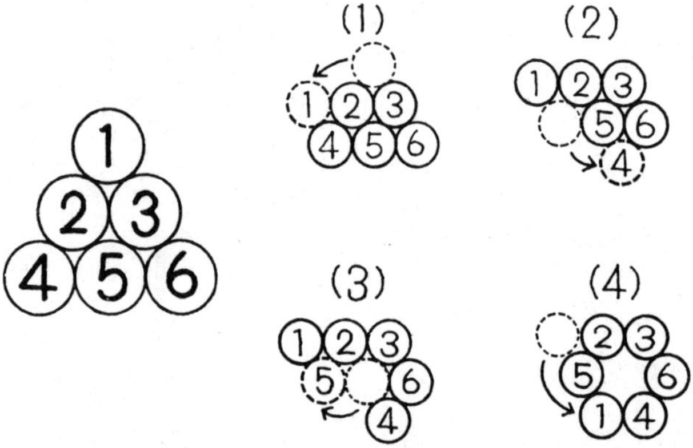

【启示】

自己动手尝试虽然是解决问题最简单的办法，但可能偶然一次成功了，却不知道是怎么成功的。为了防止这种情况 ，最好在硬币上做好记号，移动的时候做一下记录。

问？题

河的一边有三对夫妇，他们要渡过河去对岸。麻烦的是，他们只有一艘可以载两个人的小船，并且，三个男子都是极爱吃醋的人，他们不在的时候，自己的妻子就不能和其他男人在一起。当然，小船每次都必须有人划回来。这三对夫妇最终能全部成功渡河吗？

答案

按如图所示的顺序渡河。每次河两岸的情况如记号所示。乘船的人用“○”标注。大写字母表示的是丈夫，小写字母表示的是妻子。

	此岸	对岸
1	A ⓐ B ⓑ Cc	
2	A B Cc	ⓐ b
3	A ⓐ B C ⓒ	b
4	A B C	ⓐ b c
5	Aa Ⓑ Ⓒ	b c
6	Aa	Ⓑⓑ Cc
7	Ⓐ a Ⓑ b	Cc
8	a b	A B C ⓒ
9	ⓐⓑ c	A B C
10	c	Aa Bb Ⓒ
11	Ⓒⓒ	Aa Bb
		Aa Bb Cc

【启示】

到第 6 步和第 7 步的时候，已经渡过河的 B 和 b 两个人一起回到河的这一边，注意到这一点就可以了。用纸牌中同时出大王和小王的办法理解起来比较容易。

问题

限时 35分钟

如图所示，有三户人家A、B、C，这三家的关系非常不好。三户人家的出入口分别在如图所示的A、B、C处。现在，他们各自想要修一条可以从住宅直通出入口的路，但是为了不在路上遇到其他两家的人，三条路不能有交叉点，请问该怎么办比较好？

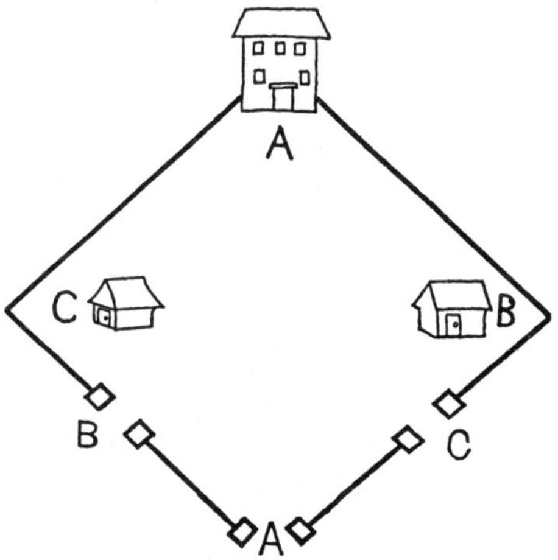

答案

如图所示。

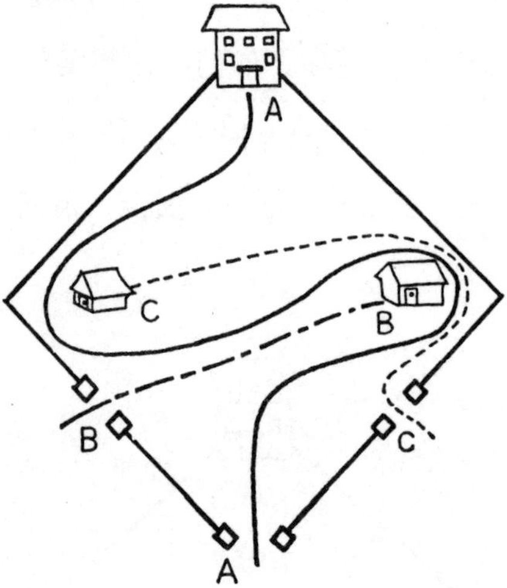

【启示】

A的路线稍难，但是作为道路设计的问题也并不算很困难。面对这一类问题，拿起铅笔涂涂画画是最快的。

下图中隐藏着一颗小星星，请把它找出来。

如下图所示。

9. 独创力训练体操

〈例题〉在对一名胃癌患者实施放射疗法时，如果放射性较强，那么对其体内患处的治疗效果很好，却也会对射线所及之处的健康的细胞造成破坏。反之，如果想对健康的细胞影响较弱，那么对患处的治疗效果也会大打折扣。请问该怎么解决这个两难的问题。

创造力开发的第九个阶段是独创力的掌握。

这道例题是在思维心理学领域有名的德国心理学家邓克尔，在进行实验性研究时使用的问题。我把它作为训练独创力的问题提出，目的是希望大家在看答案之前，能充分发挥想象力，想出异想天开的点子来。

思考这个问题的时候，有两个特别的要求。第一，点子的数量越多越好。第二，不要考虑现实性，让自己的思维尽可能自由奔放。无法产生自由奔放、异想天开的点子，正是头脑僵化的证据。那么你就需要从本书的第一题重新看起了。

在创意开发的世界，有一句话叫“有量才有质”。也就是说，在创意开发时，并不总是“质重于量”，有时是“量重于质”。数量多了，自然就会出现有质量的独创性的点子。作为创造力开发训练的一个阶段，我希望能够训练大家想出尽可能多的点子。

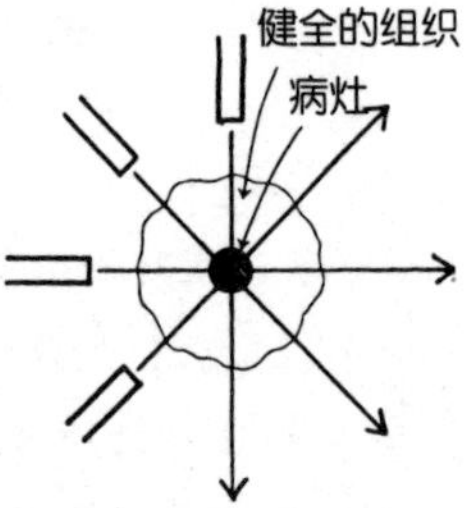

那么，回到例题中来。正解如图所示，弱放射线从四周射入患处。这样的话，放射线在患处集中、变强。在实际的治疗中，以患处为中心旋转放射，正是对这种方法的应用。除了正解外，还有其他创意的想法，在下文中也展示给大家。与你思考出来的解决方法相比较，想必很有意思吧。

①喝下放射性物质。②用手术分隔健全的组织，使其不受放射线的影响。③注射使健全组织完全感受不到放射线的物质，只有患处能感受到。④通过手术将患处取出，进行强放射线治疗。⑤不使用放射线治疗，改用其他治疗方法。⑥任由其破坏健康的组织（但这样就是等死）。

按照这种方法试一试接下来的练习题吧！

问题

限时15分钟

如图所示，6根同样长短的火柴可以搭出2个正三角形。只移动其中的3根，能不能搭出同样大小的4个正三角形？

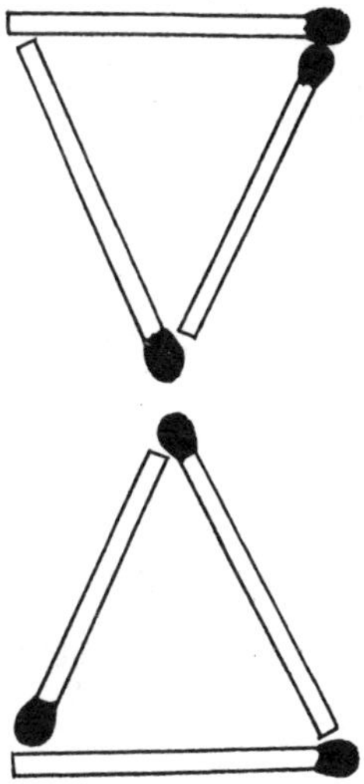

答案

能。如图所示，搭出一个正四面体。

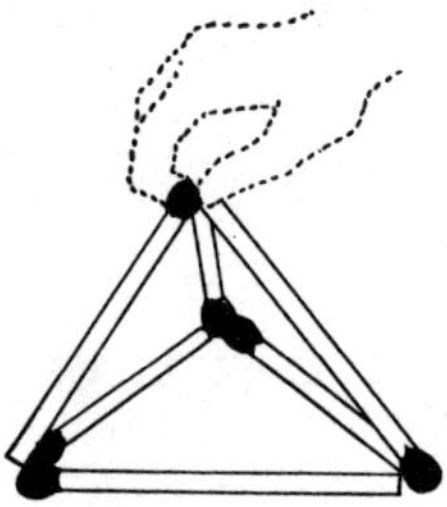

【启示】

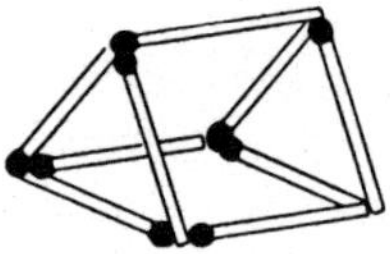

这是一道很著名的题，是训练从平面思维向立体思维飞跃的经典问题。从二维空间向三维世界的转换由此变成了可能。那么，再来看看下面这道题：“用 9 根火柴，如何搭出 3 个正方形和 2 个正三角形？”

已经将头脑切换成立体思维模式的你，想必应该能答出来了吧？答案如图所示。

问题

限时 40分钟

用 13 根火柴可以搭出 6 个同样大小的长方形。假设这些火柴都是栅栏，那么我们可以将这里看成 6 间羊圈。

某一天，其中的一根栅栏被盗，只剩下 12 根栅栏了。那样的话，还能搭出 6 间同样形状的羊圈吗？形状可以与现在的完全不同，但是火柴不能折断或弯曲，两端也不能留有剩余的部分。

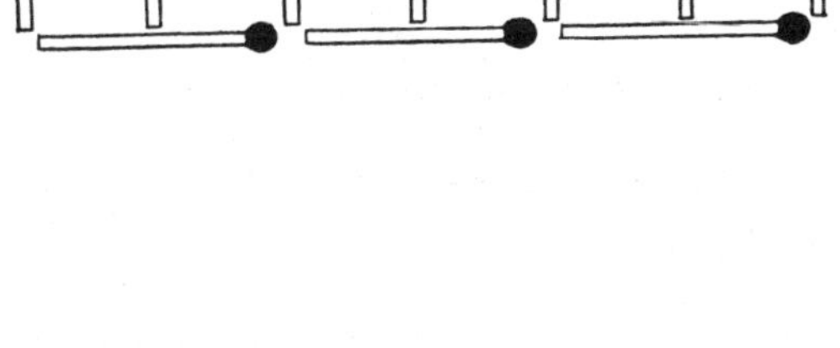

答案

如图所示。

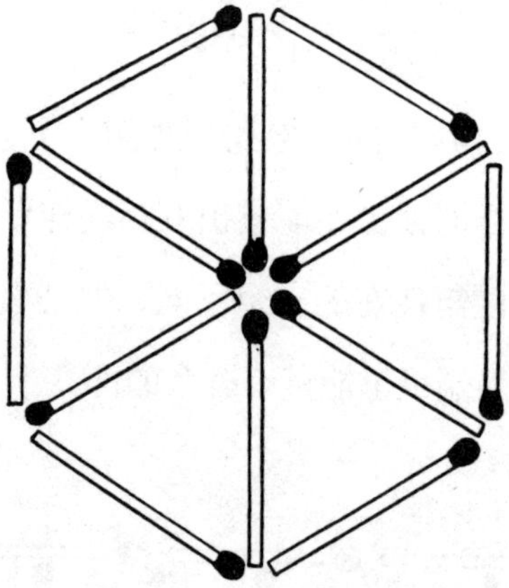

【启示】

如果能舍弃四角形小屋这个固定观念，解答这道题其实并不太难。创造力的开发就是通过这样不断在头脑中进行转换完成的。

问？题

限时 25分钟

如图所示组装起来的两块木头，在不损坏木头的情况下能否将它们分离？当然，木头不是用强力黏合剂组装在一起的。

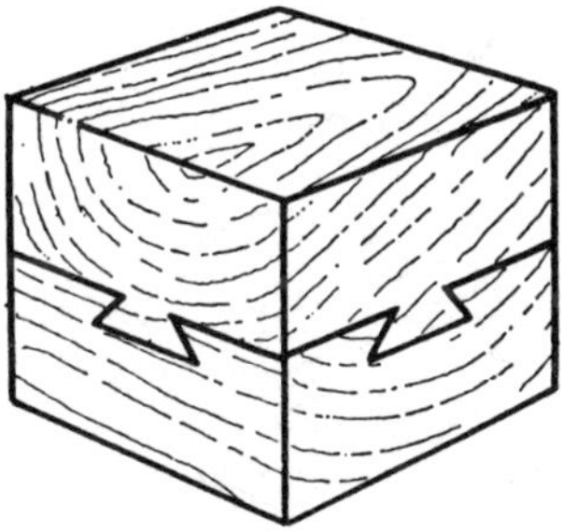

上图从另一边看到的情景

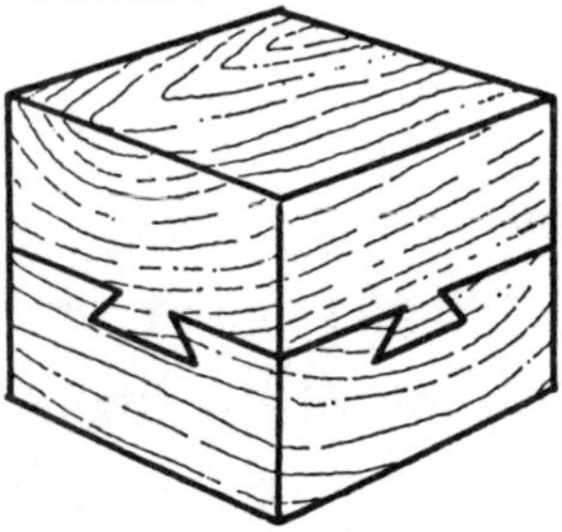

答案

能。两块木头是如图组装起来的。

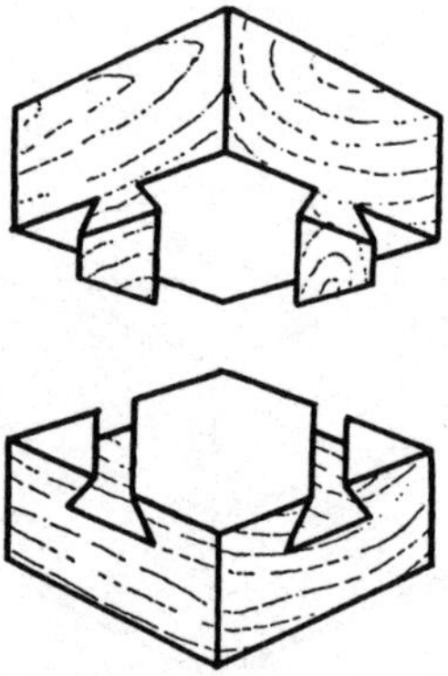

【启示】

与之前用八根针组成正方形的题目一样，本题切中了我们的思维习惯进行垂直水平思考及直角思考的盲点。可能很多人从四面都看得见的楔形想到十字交叉的凹槽吧。但是事实上，如果是十字形的话，是无法组装起来的。

问题

限时 1小时

如图所示，这里有 8 条由 7 个圆环串起来的链子。想把它们全部串成一条项链。将一个圆环打开再闭合需要花费 400 日元，如果按照图中所示打开并闭合 8 处需要 3200 日元。但事实上，有更便宜的办法。请问该怎么做比较好？

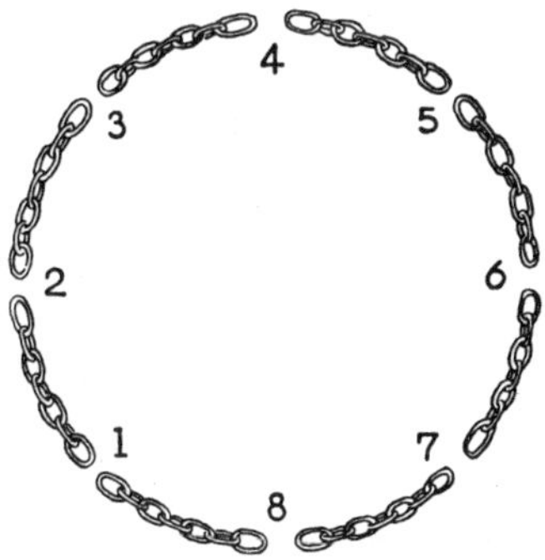

答案

将一条链子的7个圆环全部打开，分别串在其他7条链子上，这样只要2800日元。

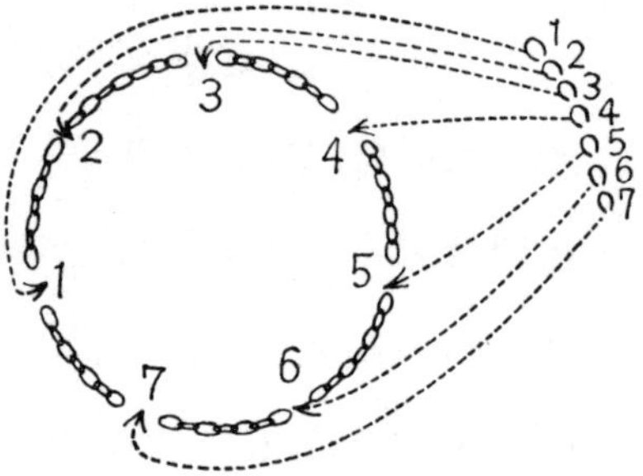

【启示】

拆开的那条链子已经不是链子了。这个问题就变成了少了一条链子，把7条链子串在一串的问题。可以说，被拆开的7个圆环既是链子的一部分，也起着串联项链的作用。这是本题的关键。有些东西，除了它本身的功能外，还兼具了其他功能。比如天花板上吊着电灯的绝缘电线，除了有导电这一电线本来的功能以外，还同时具有把电灯拴在天花板上的作用。再比如，海绵双面胶因为具有一定厚度，所以除了能黏合两种材料以外，还兼具填充缝隙的作用。

问题

有一个正方形的框，两个人轮流往里面放入 10 日元的硬币，最终这个框里会被硬币填满。这个时候，放入最后一枚硬币的人胜。那么，在这个游戏中，如果你是先手，第一枚硬币会放在哪里？硬币之间不能重叠。

答案

第一手，如图所示，放在两条对角线的交点，即正方形的正中心。接下来，以这枚硬币为中心，对方将硬币放在哪里（例如a），你只要在它的对称位置（a'）放上硬币即可。这样的话，无论对方将硬币放在哪儿，它的对称的位置一定是空着的，你就一定是胜方。

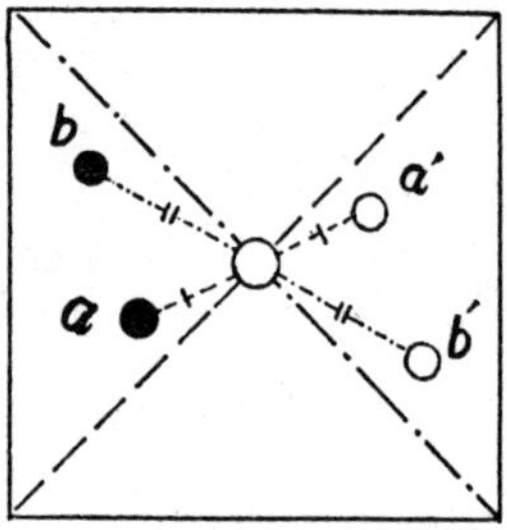

【启示】

萨姆·劳埃德的谜题集中，有一道关于煮鸡蛋的题与本题类似，那道题的名字是“哥伦布的鸡蛋”。这道题看似简单，但要想到先手下在正中是极其困难的。游戏是智力题的宝库，游戏中的必胜法，可以说是一种相当高级的智力题了。

10. 头脑的“高难度动作”

〈例题〉下图是台球的球台。现在，击打A球，要在撞击三次桌边之后碰到B球和C球，请问如何精确确定打击路线？假设撞击桌边的球根据光的反射定律前行，即射入的角度与弹出的角度相同。

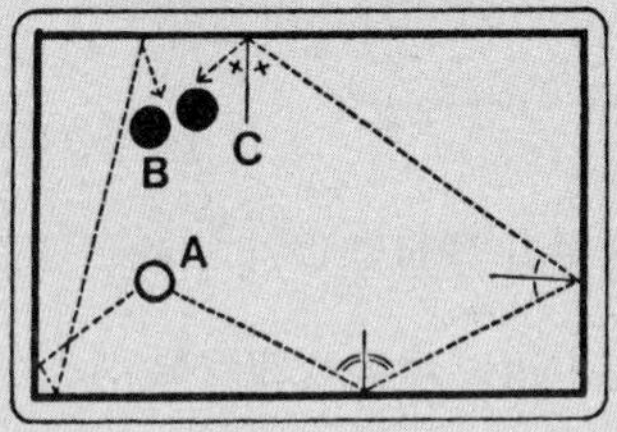

创造力开发训练的头脑体操终于快接近尾声了。本章登场的问题，都是难度极大的。但是正因如此，人类头脑的精彩与美丽才得以展现。

我们所看到的奥运会体操选手完美完成的高难度动作是经过千万次不懈练习得来的，你的头脑也是这样，经过训练，它的进步程度也一定能让你瞠目结舌。

希望你能依靠自己的力量解出这些题目。那样，无论从柔软度还是强韧度来看，你的头脑都堪称头脑界的

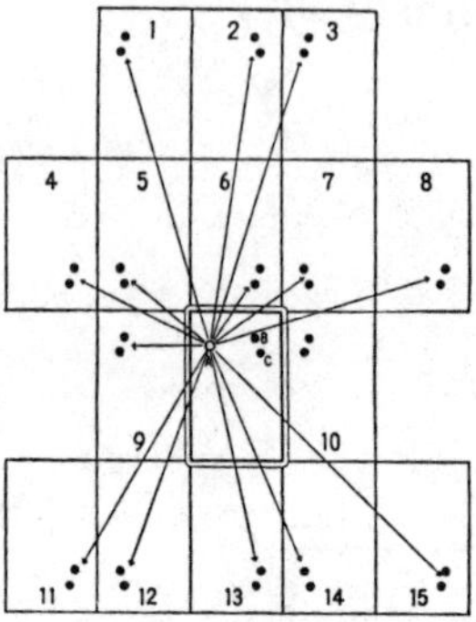

奥运级选手了。但是，解不出来也没关系。通过这次收集的一些问题，了解到人类头脑具有无限的可能性，进而更加强自身的训练，这样也足够了。

例题的答案请见左图。这张图画出的是在球台四周放了镜子后无限镜像的一部分。从这张图中可以看到，将实物的A球与反射在四面的B、C的镜像连线，得到的就是击打A球后撞击B、C的方向。这条线穿过桌边的次数，就是撞击桌边的次数。并且，这条线的长度就是小球的移动距离。于是，这张图中画出了解开本题需要的所有必要的条件。接下来，只要选择最符合条件的就行。根据题目所述，三次撞桌边（图1、3、4、8、11、15）、目标最大也最容易碰到（尽可能正对着两球的是4、15）、距离也尽可能近的应该是图4。

问题

限时 10小时

在日本平安时代，有一处小湖，湖的四周住着四个穷人。但是，穷人低矮破旧的房子后面不远处有四处大宅，里面住着四个有钱人。有钱人觉得穷人的住处影响了湖边的风景，四个人商量着用围墙把穷人隔开，好独占湖边的美景。于是他们开始实施他们的计划。那么，他们的围墙该怎么造？

条件是，围墙的长度要尽可能短，这样节约材料。并且，虽然穷人不能进到围墙中，但是不能影响他们外出。

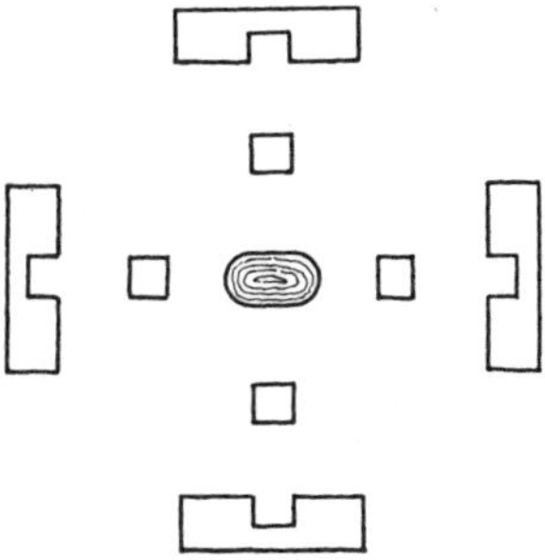

答案

图 1 是正解。图 2 虽然满足了穷人可以自由外出的条件，但是围墙的长度不是最短的。图 3 仅仅把穷人圈在了围墙里，但剥夺了他们的自由，与题意不符。

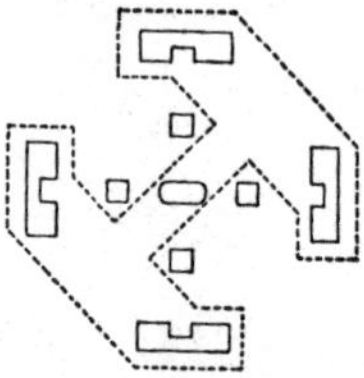
图1

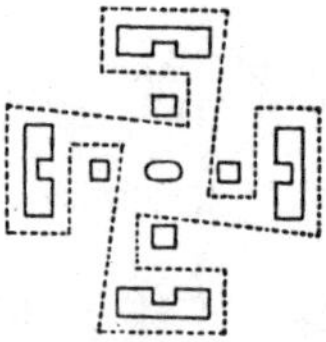
图2

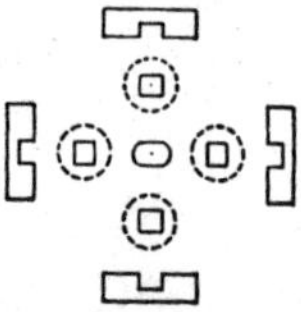
图3

【启示】

一旦开始思考，就要多想几种可能性。

图 1 的正解很难想到，是因为我们更容易像图 2 所示，头脑在无意识之中将有钱人和穷人的家一一对应，作为一对来思考。

问题

限时7小时

如图所示，在一块正方形的土地上，有四栋豪宅（用“□”表示）和四间小屋（用“▲”表示）。将这块土地分成同等面积的四个部分，每一部分中都各有一栋豪宅和一间小屋，该怎么分？

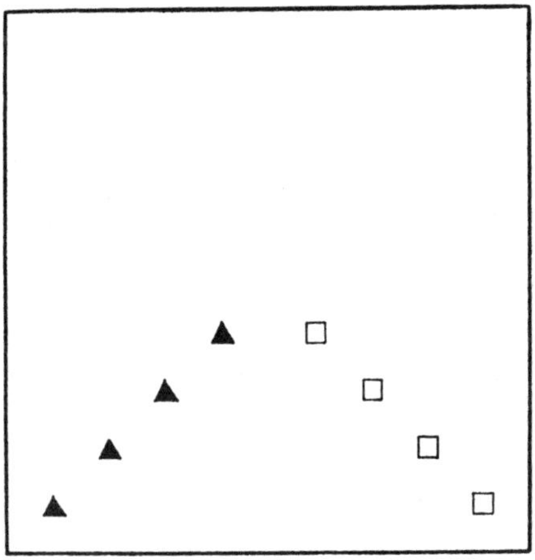

答案

如图所示。

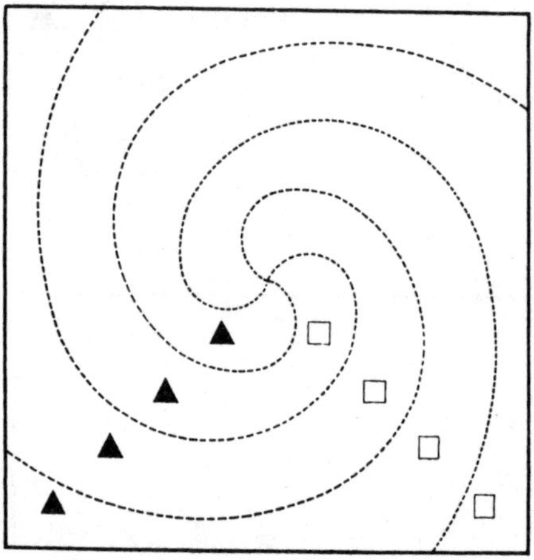

【启示】

这道题有点儿难。将相邻的东西或对称的东西成对思考是常见的思考习惯，但这会阻碍妙计的产生。如果你能顺利地解决这样的问题，你的头脑体操已经进步到相当程度了。

问题

在一块厚木块上开有三个不同形状的洞。能不能设计一个立体的物体，可以从这三个洞中都恰好穿过去？所谓恰好穿过去，是指穿过洞的时候不能有空隙。同样类型的题有两道，大家来试试吧。

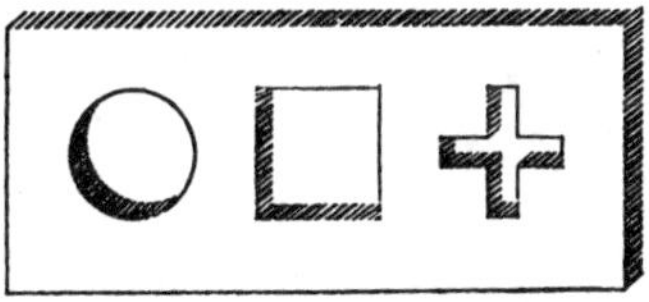

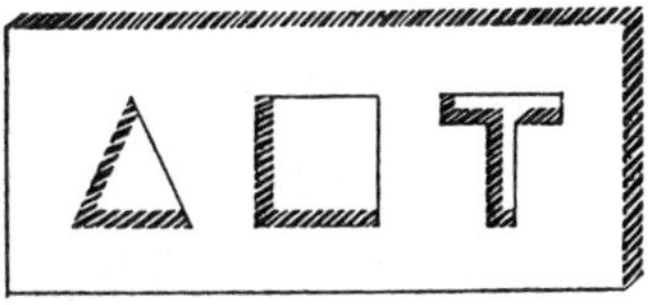

答案

如图所示的立体状物体。

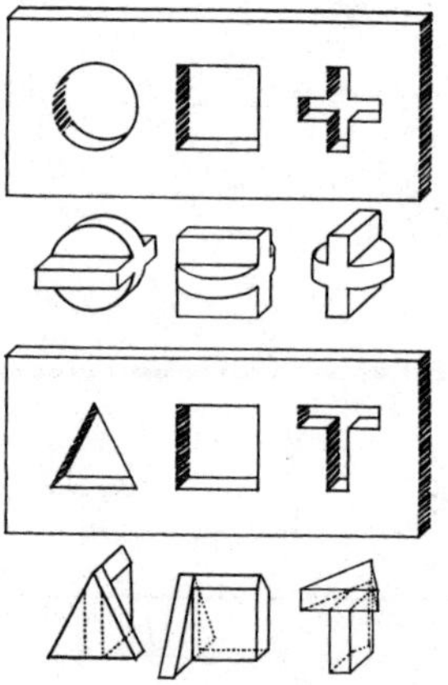

【启示】

空间把握的问题，到这里为止，可以说是一流水平的了。当然，对于平时习惯和图纸打交道的人来说，这不是什么难题，但如果是没有受过专业训练的外行人，这真的是很难的题了。

建筑设计师与外行人的差别就在于，在进行平面思考的时候也能同时进行立体思考。这是一道训练空间把握能力的极好的题。

问题

限时30小时

如图 1 所示，有一张用直线编织的网，结点把全部直线分成了十六个小段。能不能一笔画出一根线，与这十六段全部相交且只相交一次？

例如图 2 所示，用虚线圈起的这两部分就不符合题意。当然，头脑的转换是这道题必需的。

图 1

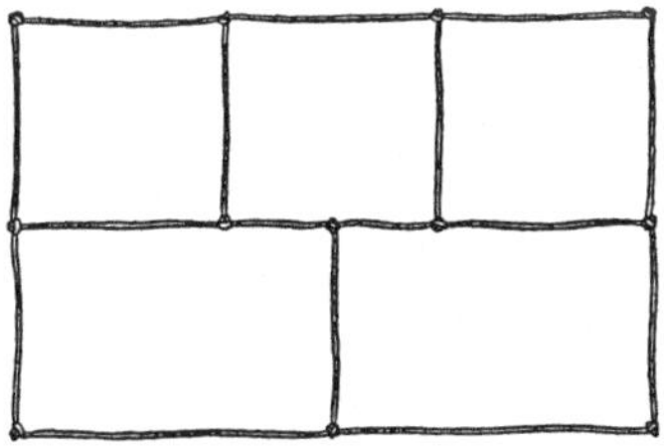

图 2

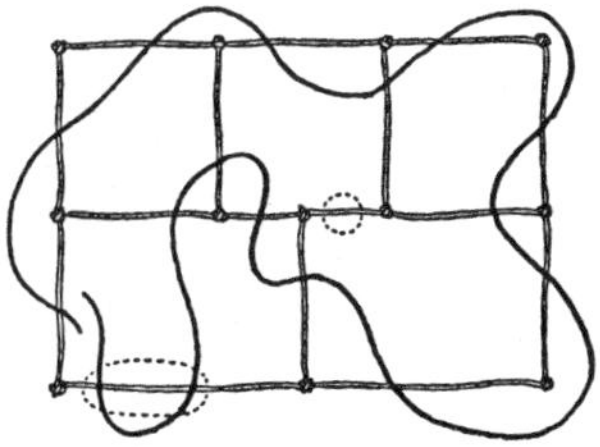

答案

如图所示，把网粘在救生圈上。然后，如图所示。

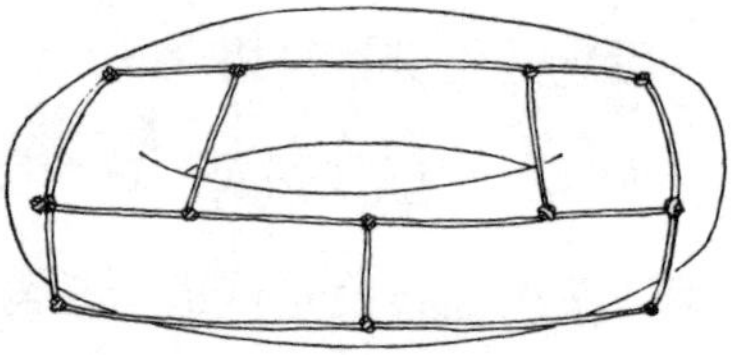

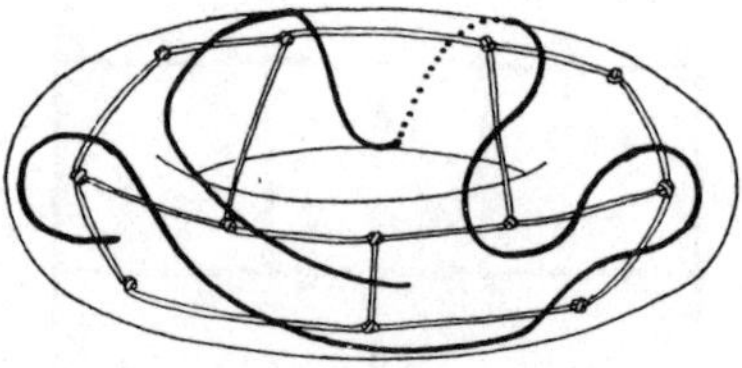

【启示】

空间不能被二维空间所局限，这是让你下决心转换思路的重要一题。从欧几里得几何学到非欧几里得几何学，从天动说到地动说——我们的祖先不也实现了一次次华丽的“转身”吗？

问题

限时20小时

如图所示的牢房里关着三个死囚犯。他们能看到其他两个人，但是因为有厚厚的玻璃隔着，所以听不到其他人说话。对于这三个人，国王给了他们一个同等的可被赦免的机会。他们的头上都戴着帽子，只要满足以下两个条件中的一个，即可被免除死刑无罪释放。

①看到其他两个人的头上戴着的都是白帽子。

②自己头上戴的是黑帽子。

其实，国王给他们三个人戴的都是黑帽子，但是他们三个的手被绑在身后，无法看到自己帽子的颜色。于是三个人面面相觑。最后，头脑最好使的A推理出自己的帽子是黑色的。请问A是怎么推理出来的?

答案

首先假设自己的帽子是白色的。如果这样的话，B 和 C 看到的应该都是一黑一白（因为 A 能看到 B 和 C 戴的都是黑帽子）。那么 B，一定会有这样的反应：“如果我的是白的，那 C 应该看到的是两顶白帽子。他什么都没说，说明我戴的不是白帽子。”C 考虑的应该也一样。也就是说，他们中的任何一个都应该很容易就推断出自己的帽子是黑色的。但是，他们都没有反应。也就是说，自己戴的是白帽子的这个假设是错误的，所以自己戴的应该是黑帽子。

【启示】

其他人的心理状态之类不确定的要素，在严密的推理中通常是要被去除的。但是有时候，如本题，他人的心理、想法等也成了推理的素材。

问题

无限制

如图所示的车库中，周围实线的部分是围墙，车与车之间虚线的部分，因为只是车位之间的分隔线，所以车是可以自由移动的。

那么，在这种状态下，下方的车（①～④）想要完全移动到上方（⑤～⑧），最少需要移动几次？

一个车位只能进一辆车。另外，完全移动的意思是，①和⑤交换，②和⑥交换，以此类推。当然，在车位空着的情况下，一次移动几个车位也可以。

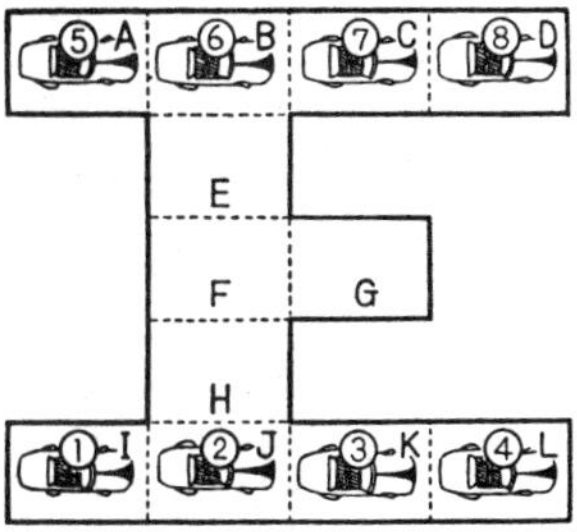

答案

43 次。

按右表的顺序依次移动，便可完成替换。

① 6 → G	⑱ 8 → G	㉟ 6 → I
② 2 → B	⑲ 5 → C	㊱ 2 → J
③ 1 → E	⑳ 2 → B	㊲ 5 → H
④ 3 → H	㉑ 1 → E	㊳ 3 → C
⑤ 4 → I	㉒ 8 → I	㊴ 5 → G
⑥ 3 → L	㉓ 1 → G	㊵ 2 → B
⑦ 6 → K	㉔ 2 → J	㊶ 6 → E
⑧ 4 → G	㉕ 7 → H	㊷ 5 → I
⑨ 1 → I	㉖ 1 → A	㊸ 6 → J
⑩ 2 → J	㉗ 7 → G	
⑪ 5 → H	㉘ 2 → B	
⑫ 4 → A	㉙ 6 → E	
⑬ 7 → F	㉚ 3 → H	
⑭ 8 → E	㉛ 8 → L	
⑮ 4 → D	㉜ 3 → I	
⑯ 8 → C	㉝ 7 → K	
⑰ 7 → A	㉞ 3 → G	